Sommes=nous défendus ?

L'Armée

✳ ✳

Sommes-nous défendus ?

PAR

Charles HUMBERT

Député

PARIS

Société d'Édition et de Publications

Librairie Félix JUVEN

122, rue Réaumur, 122

PRÉFACE.

Nous venons d'avoir sous les yeux un douloureux spectacle.

Nous avons travaillé tous, tant que nous
sommes, depuis trente-six ans, à reconstituer,
à revivifier, à perfectionner autant que possible une force défensive capable de remplacer
nos légions détruites, — et voilà qu'au moment
où nous espérions avoir presque réalisé notre
espoir, cette force nous apparaît tout à coup
atteinte et compromise par un mal secret.

L'armée française, expression magnifique, à
la fois, de l'indépendance nationale et de la
fidélité républicaine aux idées d'immanente
justice, a été sur plusieurs points sourdement
travaillée par la sédition.

Ce n'étaient plus seulement quelques soldats

énervés et indisciplinés qui « sautaient le mur »
pour rompre une consigne : c'était ici une section entière qui se dérobait au devoir ; c'étaient
là plusieurs compagnies qui mettaient la crosse
en l'air et qui, improvisant un bataillon de
révoltés, pillaient une poudrière et quittaient
la caserne en méprisant les ordres de leurs
chefs.

Nous avons vu ces fantassins se proposer de
marcher à l'attaque d'un régiment de cavalerie ! Nous avons vu un général impuissant à
retenir la colonne en marche qui se précipitait
vers la guerre civile, et les soldats émeutiers
passer à côté de lui sans tourner la tête, sans
lui répondre, quand il les adjurait de revenir
au drapeau !

Nous avons vu, symptôme plus significatif et
plus alarmant encore, s'il se peut, les mêmes
hommes, qui étaient demeurés sourds à sa
voix, écouter les conseils de quelques citoyens,
non parce que ceux-ci étaient incontestable-
ment honnêtes et bien intentionnés, mais parce
qu'ils représentaient l'opposition au gouvernement, — si bien que des soldats qui n'obéis-
saient plus à leurs officiers ont fini par obéir à
un syndicat !

Voilà ce que nous avons vu, pour la première fois depuis plus d'un tiers de siècle, pour la première fois depuis que le service militaire est devenu une charge égale pour tous, et que l'armée c'est le peuple, et que la volonté du chef c'est la loi !

Pense-t-on qu'un tel mal, qui a dû couver longtemps avant de se révéler soudain avec une telle violence, sera enrayé parce que l'on aura changé de place les compagnies qui en sont atteintes ?

Espère-t-on en avoir triomphé pour jamais parce que l'on aura envoyé vers la frontière de la Tripolitaine un groupe compact de 5 ou 600 hommes, — contre lesquels, d'ailleurs, on avait dû s'engager à ne point sévir individuellement, afin d'obtenir leur soumission ?

S'imagine-t-on que les germes d'indiscipline seront étouffés définitivement par ces expédients timides, qui n'ont de la répression que l'apparence et qui, bien loin d'affirmer hautement l'autorité du Pouvoir exécutif, appuyé sur la volonté souveraine des représentants du peuple, ont seulement pour effet de pallier des fautes et de calmer momentanément des inquiétudes ?

Alors, il est inutile de lire les pages qui vont suivre, car elles sont évidemment écrites pour les Français qui n'ont pas cessé de vouloir une armée forte, instruite, entraînée, obéissante et dévouée. Elles n'intéresseraient pas les gens faciles à contenter pour qui tout est bien qui finit bien, même provisoirement.

Mais si l'on estime que nous avons encore besoin d'un outil de défense, fidèle et bien trempé ; si l'on reconnaît qu'un grand pays comme le nôtre a le devoir de s'assurer contre l'ennemi éventuel (qui veille toujours, lui, et ne se mutine pas) ; si l'on espère enfin, en conservant une armée, conserver en même temps une France, — alors, il faut lire ce qui va suivre, car les fautes doivent être signalées en haut comme en bas, et quand on en est où nous en sommes, on doit faire un examen de conscience rigoureux et complet.

Ce ne sont point des phénomènes isolés et spontanés ; ce ne sont point des incidents sans cause lointaine que nous venons d'observer : ce sont des résultats d'ordre militaire. En décrivant l'*État d'âme de l'armée*, M. Charles Humbert a montré pourquoi les compagnies ne sont plus dans la main de leur capitaine,

pourquoi les régiments connaissent à peine
leur colonel. C'est une réglementation absurde
qui en est cause : c'est celle qui a fait d'eux
des administrateurs et des comptables au lieu
de les laisser à leur rôle d'instructeurs et de
chefs.

Ils ne préparent plus leurs soldats à la
guerre : ils font une besogne de gratte-papiers
et de ronds-de-cuir. Aussi, tout le monde a-t-il
été frappé de ce fait incroyable et véritablement monstrueux, que, le soir où se mutinait
un bataillon, les rares chefs qui se trouvaient
à la caserne ont été hors d'état d'interdire aux
révoltés l'entrée du magasin à munitions...

Et tout se tient ! Le député de Verdun a raison de dénoncer en même temps l'infinie complication de rouages administratifs et l'inextricable enchevêtrement de responsabilités qui
ralentissent le travail effectif des troupes combattantes et de leurs chefs, tout en ne sachant
pas assurer du moins à nos forts la solidité
qu'il faudrait, ni à nos artilleurs et à nos fantassins, les armes et les outils reconnus nécessaires.

Je n'ai pas à donner ici une approbation
complète aux projets de réformes dont l'au-

leur, au surplus, ne trace, dans son dernier chapitre, qu'une esquisse provisoire. Il faudra voir en détail tous ces points sur lesquels il appelle notre attention et sollicite notre discussion ; mais dès à présent on ne peut que louer son dessein et honorer son courage, car ce sont de véritables plaies qu'il nous montre, — plaies que j'ai moi-même signalées au Ministre à maintes reprises, — et tout le monde a le devoir de travailler à les guérir.

Que l'armée ne soit plus gouvernée par les bureaux, mais par le ministre ;

Que des directions, des comités, des sections, des commissions, des inspections cessent de se partager le pouvoir en se contrariant les uns les autres ;

Que les généraux en chef, conservant l'intendance sous leurs ordres, n'aient plus néanmoins à remplir en personne un rôle administratif qui absorbe toute leur activité au détriment de leur action militaire ;

Que les chefs de corps et les chefs de compagnie soient rendus à leurs fonctions réelles au lieu d'être enterrés dans les paperasses ;

Que le contrôle redevienne l'agent de surveillance directe et de vérification impartiale qu'il n'aurait jamais dû cesser d'être ;

Que tous les frais inutiles soient réduits ; que toutes les dépenses utiles soient effectuées sans retard ; que le temps de service actif soit employé comme il doit l'être ; que les appels de réserves, au lieu de se passer en exercices surannés, aient pour effet de mettre tous nos combattants en état de faire campagne ;

Que tous les Français enfin, qui passent ou repassent par le régiment, se rendent compte de la grandeur et de la nécessité du sacrifice qu'ils font à la patrie ;

Et alors l'état d'âme de l'armée redeviendra ce qu'il doit être, et il n'y aura plus de mutins, ni en bas de la hiérarchie... ni en haut !

GÉNÉRAL 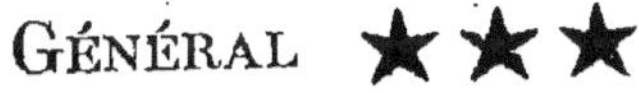

AVANT-PROPOS

Je ne suis qu'un soldat.

Depuis plus de vingt ans, je n'ai pas eu d'autre ambition ni d'autre rêve que d'accomplir honorablement mon devoir comme membre de l'armée active, puis comme membre du Parlement, en travaillant de mon mieux aux œuvres de la Défense Nationale.

J'ai servi dans le rang , j'ai été sous-officier, j'ai porté l'épaulette, j'ai vécu au ministère de la Guerre ; je représente maintenant à la Chambre un arrondissement d'avant-garde, où se trouve le premier camp retranché de France : — partout j'ai cherché le moyen de développer les forces du pays et d'empêcher que des haines politiques, des rancunes inavouables ou d'injustifiables négligences personnelles, rendissent inutiles une partie des sacrifices écrasants faits par la Nation pour son Armée.

Avant tout, j'ai voulu savoir exactement ce qui se passe, où nous en sommes, de quelle façon notre armement est assuré, notre défense préparée...

J'ai vu de près nos régiments, nos états-majors, notre administration militaire ; j'ai visité nos places fortes ; j'ai étudié, rue Saint-Dominique, l'enchevêtrement inouï et néfaste de ces rouages surannés qui absorbent toute vigueur, ralentissent tout travail et ne laissent plus arriver au jour que des solutions bâtardes, insuffisantes et toujours tardives...

Je suis témoin de l'admirable bonne volonté des élus du pays, qui sont toujours prêts à voter les subsides nécessaires ; ils ne refusent jamais un crédit utile qui leur est demandé pour la défense nationale ; et quand on prétend manquer de ressources pour réaliser une amélioration, c'est qu'on a négligé de les leur réclamer, ou bien qu'on les a le plus souvent gaspillées. Tout le monde peut, en outre, attester le patriotique dévouement des simples citoyens, qui continuent depuis un tiers de siècle à consacrer successivement au drapeau les plus belles années de leur jeunesse ; mais hélas ! de grands vices d'organisation ont nui gravement au résultat de tant de généreux efforts.

C'est cela que je vais exposer ici.

Je n'apporte aucun renseignement qui ne soit appuyé sur des preuves décisives ; je ne raconterai rien d'après des on-dit, mais seulement d'après des documents dont nul ne pourra contester l'authenticité.

Tous les faits que je vais citer ont d'ailleurs été reconnus exacts quand je les ai tout d'abord signalés à l'autorité ministérielle. Un très petit nombre d'entre eux ont même été en partie corrigés, grâce à l'esprit d'équité d'un ministre, et malgré d'inqualifiables résistances occultes, que je démasquerai.

La plaie est trop profonde, en effet, pour être traitée avec douceur, et je vois bien que pour la guérir tout à fait, pour la cicatriser, il faut avoir d'abord le courage de l'examiner et de la montrer à tous, en face et sans voiles.

C'est pourquoi je parle.

J'ajoute tout de suite que s'il fallait désespérer de voir modifier l'état actuel des choses, et si toute réforme était impossible, j'aurais le patriotisme de me résigner et de me taire.

Si je romps le silence, au contraire, c'est

parce que, d'une part, je sais être d'accord avec les plus hautes personnalités de l'armée, c'est parce que, d'autre part, je vois autour de moi l'immense légion des officiers qui travaillent, des soldats qui espèrent, des patriotes qui ont confiance, et parce que je suis sûr que la République peut et doit posséder encore une armée digne du passé de la France et digne de son rôle à venir.

C. H.

Septembre 1907.

Sommes=nous défendus ?

I

L'ÉTAT D'AME DE L'ARMÉE

Où en est notre armée ?

Que pense-t-elle ? Qu'espère-t-elle ?

De quel cœur poursuit-elle aujourd'hui sa tâche, après tant de réformes accomplies et à la veille sans doute d'en voir réaliser quelques autres encore, au moins aussi profondes.

Comprend-elle clairement dans quel esprit la République s'efforce de remanier son organisation ? La masse intelligente de ses officiers a-t-elle accepté, d'un même cœur, la tâche militaire et démocratique à la fois qui lui est imposée ?

Est-ce avec tout l'entrain désirable que l'on

travaille dans nos régiments et dans nos états-majors ? Ou bien faut-il croire qu'il y ait, sur beaucoup de points, comme une détente, un relâchement de zèle, et, tranchons le mot, de la désaffection ?...

Est-il exact que le contre-coup des secousses morales subies par la nation ait fait des blessures inguérissables aux « illusions » de certains officiers ?

On dit que la soif immodérée de l'avancement, entretenue et envenimée par le système absurde et coupable des recommandations à jet continu, semble avoir fermé leur esprit à toute autre pensée !...

Est-ce vrai ?

Est-il vrai que, maintenant encore, après trente-six ans de république de fait, après trente-deux ans de république de droit, après l'échec de tous les complots monarchistes, impérialistes, boulangistes ou *n'importequistes*, après les victoires de l'esprit laïque et l'accession définitive des républicains démocrates au pouvoir, est-il vrai que ce soit une mode invétérée, indéracinable et insolente, en beaucoup de nos garnisons et jusque dans les demeures de quelques grands chefs, de dénigrer tout ce qui n'est pas de l'opposition inconstitutionnelle et de tourner le dos aux fidèles serviteurs du régime ?

Est-il vrai qu'il y ait encore des quarantaines pour les officiers qui s'honorent d'être républicains ?

Est-il vrai que l'on mette en interdit dans certains corps de cavalerie les modestes commerçants qui ont commis le crime de voter contre des réactionnaires ?

Est-il vrai enfin que le républicanisme officiel de l'armée de la République ne soit souvent que de façade et que, par la faute de quelques douzaines de généraux, nous soyons victimes d'une vaste mystification, nous membres du Parlement, nous publicistes, nous électeurs, nous Français ?

Voilà ce que je voudrais rechercher d'abord, ou plutôt, pour être tout à fait exact, voilà les points sur lesquels j'apporte des renseignements précis. Ce ne sera pas ma faute s'ils sont quelquefois douloureux à entendre : j'estime que le meilleur moyen de servir aujourd'hui l'armée, c'est d'avoir le courage de découvrir son mal secret, de débrider ses plaies et d'y porter au besoin le fer rouge. Elle sera la première ensuite à remercier les vrais amis qui lui auront ainsi permis de revenir tout entière et désormais sans défection à son devoir.

La vérité, je l'ai affirmé à la Chambre (1), est toujours patriotique.

Et d'ailleurs ne nous payons pas de vaines paroles ! Si nous voulons conserver une armée, si nous voulons que l'instrument de notre dé-fense nationale soit à la mesure des sacrifices écrasants que nous faisons pour lui et en même temps à la hauteur des traditions glorieuses que nous a léguées le passé, il faut que nous cessions de dresser entre nous et la réalité ce voile d'optimisme qui ne trompe plus que les naïfs. Il faut regarder les faits en face et prendre la résolution de sévir désormais avec vigueur, en frappant, non pas des comparses, mais les incapables et les coupables.

Nous allons chercher où ils sont.

***

On a dit à l'armée, on lui a même souvent répété, depuis quelques années, qu'il est de plus en plus nécessaire qu'elle se confonde avec la nation. Par des lois, par des circulaires, par des règlements, par des discours, on lui a maintes fois expliqué qu'elle est une réunion temporaire de citoyens appelés à faire un ap-prentissage aussi bref que possible du métier

(1) Interpellation du 8 décembre 1906 au ministre de la Guerre.

de soldat, sous la direction et sous la surveillance affectueuse d'officiers qui, eux du moins, demeurent en permanence autour du drapeau, recevant et instruisant tour à tour les générations qui se suivent.

Cela, elle l'a compris, ou du moins elle a paru le comprendre, parce qu'elle compte heureusement dans ses rangs nombre de braves gens, instruits, courageux, dévoués, qui ont fait de leur mieux pour réaliser ce programme. Mais si l'on savait quelles résistances ils ont dû vaincre, à quels obstacles ils se heurtent encore !

Ils sont la jeune armée ; l'autre, l'ancienne, combat toujours, avec l'énergie et l'audace du désespoir, pour sauver ses traditions, son esprit de corps, et certains de ses préjugés...

Le bon temps, pour elle, c'était l'Empire ou les premières années de la République.

Avant 1870 on était une caste : des soldats de métier sous les ordres d'officiers qui demeuraient, par devoir et par goût, étrangers à la vie du peuple lui-même.

Après la guerre, après la ruine, le gouvernement voulut changer, rajeunir tout au moins, cet instrument démodé de bataille pour en faire un outil formidable et sûr de défense nationale ; mais, sous prétexte d'imiter le vainqueur, on le copia, on le calqua servilement, et l'on offrit pendant quelques années à la France une organisation militaire imaginée pour l'Allemagne.

Alors ce fut un branle-bas général dans les familles. Il fallait des officiers, encore des officiers, toujours des officiers ! L'élite intellectuelle de la jeunesse, pour beaucoup de raisons parmi lesquelles il nous plaît de noter un élan de patriotisme sincère, accourut aussitôt. La bourgeoisie riche, l'aristocratie, les élèves des institutions pieuses et particulièrement ceux des jésuites concoururent pour les écoles spéciales et bientôt envahirent les régiments et surtout les états-majors. Sous la poussée des menaces extérieures, on se hâtait noblement vers les postes de combat, et comme la guerre, en fin de compte, n'éclata point, on eut bientôt une armée nouvelle surabondante de forces vives, où tous les cadres étaient pourvus, où la pléthore même semblait imminente... et où l'avancement, soudain, se ralentit.

Et puis, vint, après l'apaisement international, l'ère des conflits de politique intérieure, où quelques grands chefs se compromirent et qui aboutit à cette conclusion qu'il fallait démocratiser une armée jadis impériale, naguère aristocratique et de sentiments rétrogrades, aujourd'hui *légalement* républicaine, mais encore hésitante et tiraillée entre ses devoirs et ses traditions.

Et la question se posa, — et elle est encore posée, — de ce que doivent être, sous un gouvernement comme le nôtre, l'état d'âme et l'attitude des officiers.

Le bon sens indiquait la réponse ; mais l'esprit de parti et l'éducation cléricale la faussèrent aussitôt.

Il semblait, n'est-ce pas, que le devoir de tous les chefs de l'armée, du haut en bas de la hiérarchie, se résumât en deux termes :

Loyalisme, envers les institutions du pays,

Sentiment de l'évolution, nécessaire pour rendre à la France toute sa force.

Quand l'empereur allemand adresse un rescrit à ses troupes, soit à l'occasion d'une incorporation de recrues, soit pour l'inauguration d'un monument ou pour le lancement d'un vaisseau de guerre, qu'y lisons-nous, en effet ?

Guillaume II ne manque jamais de parler bien haut du dévouement qu'il attend de ses soldats et de ses marins, pour sa personne. Il est le souverain ; il est le maître : c'est donc lui que doivent servir de toutes leurs forces ceux de ses sujets qui portent les armes. Voilà le loyalisme allemand.

En France, il n'y a qu'un souverain, c'est le peuple, et c'est à la forme républicaine qu'il a confié ses destinées. Si nos soldats avaient à prêter un serment, c'est à la République seule qu'ils le devraient. Le loyalisme français consiste simplement à respecter la Loi, c'est-à-dire la Constitution.

Mais on connaît la formule équivoque dont se payent beaucoup trop d'officiers, demeurés secrètement attachés aux anciens régimes. Ils disent : « Nous ne servons pas la République ; nous servons la France ».

Indigne *distinguo*, qui cache mal une véritable capitulation de conscience ! Rien n'oblige un adversaire du gouvernement à accepter un grade, une solde et des croix, en simulant un dévouement hypocrite et en cachant sa haine. Autant son dévouement est louable quand, pour défendre la patrie en danger, il prend les armes sans regarder à la couleur du drapeau ni aux mains qui le tiennent, autant sa restriction mentale risque de l'égarer et de le faire mal agir, quand, en pleine paix, il refuse de s'incliner devant la loi qu'il est censé servir.

Qu'il ne fasse point de politique, certes ! On ne lui demande pas de bruyantes professions de foi : on lui demande de se tenir prêt et d'instruire ses hommes. Mais qu'il obéisse et fasse obéir tout le monde aux ordres du pouvoir civil : c'est son premier devoir.

Le second est de se rappeler le mot de Napoléon, qui affirmait que la tactique change tous les dix ans. Si la tactique change, l'armée peut bien aussi se transformer, sans doute! Par conséquent un officier digne de ce nom doit se tenir en état d'évoluer avec elle.

En résumé, ce n'est plus à une caste, ni à une cohue panachée d'opinions et d'intérêts politiques différents que la France veut avoir affaire pour diriger son armée : c'est à un corps d'officiers loyaux, ouverts à toutes les idées nouvelles, sachant marcher avec leur temps, aimer leurs soldats, s'en faire aimer et travailler sans cesse.

Comment donc se fait-il, alors, que dans plusieurs chefs-lieux de département, sièges de corps d'armée, certains journaux républicains soient exclus des cercles ou lieux de réunions des officiers, tandis que les journaux d'opposition, même les plus violents et les plus injurieux, y sont admis ?

Comment se fait-il que les officiers de telle brigade de cavalerie mettent en interdit les boutiques des commerçants qui affirment leurs opinions républicaines ?

Comment se fait-il que, dans une de nos plus

grandes garnisons de la frontière, un général de division ait été obligé de signifier à ses subordonnés la note suivante :

Note de service.

Le général de division a eu communication des livres de la bibliothèque de garnison contenant des annotations manuscrites dues à des lecteurs inconnus. Il rappelle que les livres de la bibliothèque de garnison constituent une propriété collective que chacun doit respecter, et qu'il est d'autant plus rigoureusement interdit d'y porter des annotations, soit en marge, soit à la fin, que ces annotations personnelles peuvent ne pas être du goût de tout le monde et soulever par suite des polémiques regrettables.

Il est, de plus, inadmissible qu'il se glisse dans un cercle militaire, des appréciations injurieuses contre le gouvernement de la République, de la nature de celles qui ont été relevées dans un de ces livres.

Ceux qui annotent ainsi les livres se gardent toujours de signer leur avis et préfèrent se cacher sous le voile de l'anonymat, indice d'une grave défaillance de caractère.

Le général déclare que s'il parvient à connaître les auteurs de pareils faits, il n'hésitera pas à sévir, surtout contre ceux qui se seraient laissés aller à des appréciations d'un caractère politique.

P. O. le Chef d'État-Major :

Signé : X.

Cette note, si honorable pour le vaillant et

honnête soldat qui l'a écrite, est-elle connue au Cabinet du Ministre ? L'Etat-Major du corps d'armée ne l'a-t-il pas *étouffée*, pour couvrir les coupables dont il se faisait le complice ?

Car c'est ainsi que les choses se passent, dans certains milieux militaires ! Quand un document peut gêner les aises de quelque grand chef, c'est bien simple : ce document on le supprime !

Hélas ! si partout l'on travaillait comme on le doit ; si partout l'on était fidèle, aurais-je pu signaler, le 8 décembre dernier, au Ministre de la guerre, qui les a reconnus exacts, et à la Chambre qui les a flétris à l'unanimité, des abus de toutes sortes, des malfaçons éhontées, des actes de gaspillage, d'indiscipline, d'incurie et jusqu'à des détournements de deniers de l'Etat par des officiers qu'une longue impunité avait encouragés, au lieu de servir l'armée, à s'en servir ?

C'est que, en réalité, l'évolution s'est accomplie dans la loi mais n'a été suivie et obéie que par une partie des officiers. C'est que de mauvais choix ont été faits, beaucoup de grades et d'emplois ayant été donnés à la faveur. C'est que l'on n'a jamais sévi, quand il fallait ni comme il fallait. On a toujours réprimé les effets au lieu de supprimer les causes.

Les ministres de la Guerre se sont souvent trompés.

* * *

Parmi tous ces ministres, il en est un dont le nom est encore souvent prononcé, parce que, s'il a fini malheureusement par commettre des fautes, on ne peut nier qu'il avait d'abord bien compris son devoir et qu'il l'avait rempli. C'est le général André.

Chose curieuse ! Quoiqu'il eût toujours appartenu à l'armée et qu'il lui appartînt encore quand il arriva au pouvoir, c'est en ministre civil plutôt qu'en soldat qu'il se conduisit. Il avait réalisé ce tour de force, de porter l'uniforme toute sa vie sans avoir rien d'un militaire. C'est pourquoi certaines tâches utiles purent être efficacement entreprises par lui ; mais c'est aussi, malheureusement, la raison des erreurs où il se laissa entraîner.

Par exemple, il ne comprit pas que pour réformer l'ensemble du corps d'officiers, en ce qu'il pouvait avoir d'imparfait au point de vue des conceptions nouvelles, c'est par la tête qu'il fallait commencer, *par en haut*. Il commença *par en bas* et chercha, grâce à des procédés dont la représentation nationale a formellement réprouvé le caractère, à susciter des lieutenants

et des capitaines selon son cœur, au lieu de re-
dresser ou de punir des généraux, selon la Loi.

On sait du reste quels furent les résultats du
système ! L'esprit de jalousie et de rancune
anima soudain la course au galon. Avec une
promptitude étrange et effrayante, l'habitude
gagna de proche en proche, dans toutes les
garnisons et dans presque toutes les armes, de
déblayer le terrain devant soi, quand on était
officier subalterne, pour devenir officier supérieur : quand on était officier supérieur, pour
devenir officier général. Le moyen? C'était la
note confidentielle, la lettre qui ne se donnait
pas toujours la peine d'être anonyme et qui
frappait utilement de suspicion le possesseur du
grade convoité ou le concurrent ayant chance
de l'obtenir.

Combien de méchantes actions furent commises, à ce triste moment de notre histoire militaire, par des hommes qui peut-être ne com-
prenaient pas à quelles vilenies ils s'abaissaient!
Tous n'étaient pas sans doute également coupables. Il y en avait, dans le nombre, que pous-
saient de mystérieuses nécessités, qu'animaient
de sombres rancunes. Ménages d'officiers pauvres que le voisinage de ménages fortunés
avait accablés d'avanies ; épouses autrefois di-
vorcées et que l'intolérance religieuse de quel-

ques femmes de grands chefs abreuvait d'humiliations ; convictions républicaines que d'aristocratiques dédains narguaient publiquement... Que sais-je encore? La délation, certes! n'en est pas moins inexcusable ; mais quelle flétrissure, aussi, mérite l'orgueil injuste et méprisant qui rebute et persécute le loyalisme ou la stricte honnêteté !

Pour moi, je quittai, en août 1902, le général André auprès de qui je servais alors, et le jour même de mon départ il arriva au Ministère une demi-douzaine de lettres écrites par des officiers appartenant tous à un même corps, alors en manœuvres. Ces lettres démontraient que ces jeunes gens, ces malheureux, à l'heure même où ils vivaient en commun, dans la fraternité de cette popote de campagne qui rapproche d'ordinaire tous les cœurs et fait taire les dissentiments, n'avaient songé qu'à se dénigrer les uns les autres, pour se devancer mutuellement !...

Hélas ! le mal continua de s'étendre quelques mois encore après mon départ du Ministère, et sans rentrer dans un ordre de faits aujourd'hui terminé, j'en puis citer cet exemple : le général André recevant un de ses vieux camarades, qui avait comme lui les trois étoiles, et lui disant :

— Pourquoi, diable ! as-tu mis ton fils aux jésuites ?

A quoi l'autre répondit en se moquant :

— Je suis d'autant plus inexcusable, en effet, que je n'ai malheureusement pas d'enfant !

N'insistons pas !... La dénonciation s'était trompée. Elle émanait d'ailleurs d'un de ses compagnons d'armes... qui fut nommé à sa place commandant de corps d'armée.

M. Maurice Berteaux, devenu ministre à son tour, montra beaucoup de bon vouloir et d'énergie pour arrêter le mal et pour en conjurer autant que possible les effets. On lui doit réellement de la reconnaissance, parce que tout en demeurant avec fermeté sur le terrain républicain, il coupa net à de détestables errements et proscrivit toutes ces manœuvres secrètes, toutes ces annotations occultes qui faussaient dans leurs principes les règles de l'avancement et qui, sous prétexte de réparer d'anciennes injustices, attisaient chaque jour de nouvelles haines. S'il ne réussit pas à faire plus et mieux encore, durant son passage aux affaires, c'est que souvent il trouva des obstacles inattendus jusque dans les rangs de ses amis politiques, où s'était enracinée l'habitude néfaste des recommandations toutes-puissantes.

* * *

Nous touchons ici au point le plus douloureux, en effet, de la situation actuelle, et je
puis dire que le véritable désordre dont souffre
l'armée française c'est l'usage effréné de la
recommandation qui l'a provoqué.

Oui, c'est un détestable système et c'est pour
l'armée, pour sa valeur technique et sa mora-
lité, le plus dangereux de tous, celui qui consiste à donner des grades, non pas aux officiers
travailleurs et modestes qui, pour se préparer
à de hauts emplois, commencent par s'appliquer à remplir tout leur devoir, mais aux qué-
mandeurs assez adroits pour habiller à la mode
du jour leurs opinions intimes et pour s'assurer
le concours et l'appui de patrons et de « pis-
tons » puissants.

Un colonel se présente un jour au ministère
de la guerre et se plaint à un officier du cabinet
de n'avoir pas été compris dans la récente promotion des généraux de brigade. « Comment
cela peut-il se faire ? Il était dans un bon
rang !... Il avait des recommandations!... »

L'officier d'ordonnance, avec une bonne humeur loyale, rappelle au colonel déçu qu'il pas-
sait pour être animé d'idées nettement anti-

républicaines, qu'il avait mis ses fils aux jésuites...

— N'est-ce que cela, s'écrie l'aspirant général! Je vais les retirer.

Il les retire en effet et, quelques mois après, le ministre signe la nomination tant attendue.

Voilà notre homme heureux. Que fait-il, aussitôt le décret paru à l'*Officiel?* Il renvoie ses enfants chez les bons pères, dans sa nouvelle garnison, et cela dure quatre ans!...

A la fin de la quatrième année, nouvelle apparition du solliciteur au Ministère. Il vient voir si l'on ne songe pas à lui pour la troisième étoile. Il voudrait bien être divisionnaire!

— Ah ! mon général, lui dit-on, vous n'allez probablement pas être nommé de sitôt : il y a encore sur votre compte je ne sais quelle histoire cléricale...

Cette fois, l'éternel quémandeur n'insista plus. Mais il fut nommé tout de même général de division, et cela, il y a très peu de temps, car un personnage officiel important prenant un jour le ministre de la Guerre à part, lui avait dit à brûle-pourpoint :

— « Dites-moi, mon cher Ministre, il y a ce brave général Un Tel, à qui vous devriez bien donner de l'avancement. Il est venu me le demander et je lui dois, en effet, de la recon-

2

naissance : il commande à X... près de chez moi, et, chaque fois que j'ai eu besoin de faire accorder un sursis à un réserviste, il s'est fort aimablement employé pour l'obtenir. »

Je me borne à faire observer que le nouveau général de division, d'ailleurs parfaitement incapable, de l'avis de ses chefs, mais qui a donné tant de preuves de souplesse de conscience et de dignité occasionnelle, a maintenant le droit d'appliquer des notes aux quatre cents officiers qui sont sous ses ordres, de juger leur caractère et de régler leur avancement...

Nous pouvons imaginer avec quelle compétence et quelle équité il s'acquittera de ce devoir !

Mais que vais-je chercher aussi loin des exemples ! Il y a peu de temps, quoique je n'appartienne plus à l'armée (mais parce que j'appartiens au Parlement) j'ai reçu la visite d'un officier supérieur qui venait me demander de l'aider à être promu hors tour.

— Je vous serais très reconnaissant de m'appuyer, me dit-il. Je dois d'ailleurs vous avertir que je suis recommandé au Ministre par deux députés socialistes.

Et il me les nomma.

Je le surpris beaucoup en lui répondant :

— Je ne demanderais pas mieux, mon colonel, que de vous servir, si je ne m'étais fait une loi de ne jamais intervenir auprès du Ministre pour des affaires de ce genre. Mais je crois que vous pouvez dormir sur vos deux oreilles, car, si j'ai bonne mémoire, il y avait déjà dans votre dossier, avant les recommandations des deux socialistes dont vous me parlez, celle d'un cardinal, d'un archevêque et du Père D... »

C'est la vérité : avant qu'il fût question de la séparation des Eglises et de l'Etat, le même officier avait sollicité ces pieuses apostilles et les avait obtenues; mais elles ne lui paraissent plus suffisantes, maintenant, et il les corse avec celles de l'extrême gauche socialiste !...

On est d'abord tenté de sourire en observant de tels états d'âme ; mais à quelles tristes réflexions n'est-on pas ramené tout de suite !

Comment ! voilà quelle est la mentalité d'officiers qui ont à diriger, à instruire et à juger des milliers de soldats ? Ce sont des chefs de régiment ou de brigade, ce sont des généraux de division qui pensent et agissent ainsi ?...

Et il se trouve des hommes qui emploient leur influence pour « chauffer » de telles candidatures, sans enquête sérieuse, comme cela... au petit bonheur ! Si bien que l'on voit, dans le même dossier, fraterniser les signatures les plus disparates réunies en bouquet, pour la plus grande gloire d'un intrigant!

Le voilà le mal, le vrai mal ! C'est par là que l'armée souffre et pâtit. C'est comme cela que des postes enviés — enviés est bien le mot! — sont donnés à la faveur, à la camaraderie, c'est-à-dire au hasard, au lieu de revenir au mérite. C'est comme cela que l'incapacité l'emporte.

C'est en vertu de cette jolie sélection que nous avons actuellement certains généraux commandants de corps d'armée ou de division dont les aptitudes physiques ne leur permettent pas de faire campagne.

L'un, entre autres, qui aurait commandé 38,000 hommes en cas de guerre était un cardiaque déclaré que l'on devait soustraire, par ordre des médecins, à toute secousse, à tout travail prolongé. — Comme si la direction d'un corps d'armée ne devait pas être la tâche la plus laborieuse, la plus émouvante et la plus capable de secouer un homme... qui serait encore un homme !

Le président du Conseil des Ministres et le ministre de la Guerre (1) ont été mis au courant de cette situation ridicule et navrante ; mais dès que l'on parlait de toucher à ce général, de

____

(1) M. Clemenceau et M. le général Picquart.

lui donner un remplaçant qui fût en état, non
pas même de faire la guerre, ce qui eût été
trop beau, mais de s'acquitter convenablement
de sa tâche, en temps de paix, à la tête de
ses régiments, toute la légion des protecteurs
militaires ou politiques se levait et protestait,
et comme, sous le régime actuel, ce sont les
recommandations qui gouvernent, l'armée conservait à sa tête un grand chef qui ne pouvait plus lui rendre aucun service.

Les ministres sont prisonniers de leurs amis.
Ils n'osent pas « fendre l'oreille » à des hommes
finis et, par conséquent, nuisibles. C'est un véritable crime contre la France.

Ce général en chef qui, depuis plusieurs
années, au vu et au su de tout le monde, était
absolument incapable de remplir la tâche qui
lui était confiée, a pu *tranquillement* accomplir sa période de trois années de commandement qui vient de prendre fin. On ne lui a pas
renouvelé sa lettre de service. C'est un résultat !

Il n'en reste pas moins que le ministre
adresse des circulaires aux commandants en
chef pour les charger de désigner les officiers
sous leurs ordres susceptibles d'être mis à la
retraite d'office, en raison de leur état de santé,
et que ce sont ces arbitres de la destinée des

autres qui se font eux-mêmes maintenir par faveur en activité, alors qu'ils ne peuvent plus rendre aucun service !

Ah ! les recommandations militaires, cléricales, radicales, socialistes... Elles se valent toutes ! Qui donc enfin délivrera la France de cette plaie ?

Du mois de novembre 1906 au mois d'avril 1907, j'ai reçu quelques centaines de lettres d'officiers me demandant de les recommander au ministre de la Guerre pour un avancement (je ne compte pas celles qui visaient la Légion d'honneur ou quelque médaille).

De ce demi-millier de demandes, voici ce que j'ai fait :

J'ai soigneusement écarté toutes celles qui étaient de simples appels à l'influence du député pour favoriser un avancement, au nom d'un intérêt de coterie ou de camaraderie quelconque. J'estime, en effet, que nous n'avons pas à intervenir *pour de tels motifs* dans les décisions du gouvernement.

J'en ai retenu deux — deux seulement ! — parce qu'elles me signalaient de véritables passe-droits, des iniquités scandaleuses, et je les ai présentées au ministre qui, *après enquête*, a reconnu le bien-fondé de mes réclamations et leur a fait droit.

Voilà comment je comprends le vrai rôle du député. Voilà comment se définit et se légitime son intervention auprès du gouvernement.

J'imagine bien que la plupart de mes collègues sont logés à la même enseigne, et la plus simple convenance m'interdit d'affirmer qu'ils ne montrent pas autant de discrétion que moi... Mais alors, de qui peuvent bien venir, si les députés (et naturellement aussi les sénateurs) n'y sont pour rien, ces torrents de recommandations et d'apostilles, qui s'abattent sur la table du ministre, de tous les ministres ?...

Il y a longtemps, il y a plus de vingt-six ans que Waldeck-Rousseau, dans une circulaire célèbre, adressée aux préfets de la République, formulait en ces termes la véritable doctrine gouvernementale, celle que devrait s'approprier désormais le chef de l'armée :

Il ne peut plus être admis que les sollicitations, les demandes d'emplois ou d'avancement continuent d'arriver au ministre en passant par-dessus la tête de ses fonctionnaires : leur autorité en est diminuée sans profit pour personne, et les services qu'ils peuvent rendre en sont amoindris.

J'ai résolu de retourner sans réponse les requêtes de cette nature qui me seraient directement adressées, et de n'accueillir aucune recommandation qui ne serait pas transmise par votre intermédiaire. »

C'est le 24 novembre 1884 que le grand homme d'Etat lançait, au profond scandale de quelques vieux parlementaires, cette protestation courageuse contre un insupportable abus. Y a-t-il quelque chose de changé au moment où paraissent ces lignes ? Non, rien, si ce n'est, comme on vient de le voir, que les mêmes gens qui se faisaient appuyer, à la fin du siècle dernier, par des membres du clergé, encore puissants dans les arrondissements électoraux et dans les états-majors, se sont mis adroitement à solliciter, maintenant, à l'autre extrémité du clavier politique, tous les hommes que leur situation parlementaire a pu doter de quelque influence.

Et voilà comment, dans un accord bizarre, on peut trouver toutes les notes de la gamme inscrites au dossier de ces artistes en avancement.

Tel qui, lieutenant ou capitaine alors, se faisait recommander par l'évêché, se fait maintenant, colonel ou général, pousser par ce qu'il appelle *in petto* « la radicaille ».

Il la méprise, mais il s'en sert.

* *

Mais il ne suffit pas de réprouver ou de flétrir une malsaine coutume : pour l'enrayer sûrement et la supprimer sans retour, il faut chercher ce qui a pu l'aider à s'établir et à s'enraciner.

Eh bien, le vice initial, je dois le dire, provient de ce que l'avancement, selon les méthodes actuelles, est à la fois incertain, lent et souvent injuste. Pour essayer de hâter les solutions désirées et de les déterminer à leur profit, les officiers débrouillards cherchent et trouvent, en dehors de la voie hiérarchique, des appuis qui, malheureusement, ne se refusent pas toujours et qui agissent au bon moment.

Ils aggravent ainsi les défectuosités du système, je l'ai démontré ; mais que leur importe ! Eux du moins, ils ont satisfaction, ils sont hors d'affaire. Que les camarades s'arrangent comme ils pourront !

Et nous voyons alors périodiquement se produire le même stupéfiant phénomène : Un officier, un capitaine, par exemple, proposé pour chef de bataillon, a le numéro 7 sur la liste de présentation du corps d'armée. Une seule inscription est faite, et c'est en sa faveur. Les six collègues classés avant lui n'en reviennent pas et se demandent par quel caprice ministériel ils ont été sacrifiés. Le bénéficiaire, lui, trouve cela tout simple, car, tandis que ses camarades se fiaient aux excellentes notes inscrites sur leur « état de proposition », il avait tout simplement chargé « quelqu'un » à qui le gouvernement n'a rien à refuser de plaider sa cause et de lui faire franchir six échelons.

— C'est bien joué, diront les gens pratiques, les arrivistes comme il y en a tant, même dans l'armée.

Je dis, moi, que c'est monstrueux !

Et d'abord, puisque, depuis le ministère de M. Berteaux, on a décidé que les officiers recevraient communication de leurs notes ; puisque, maintenant, ils savent comment leurs chefs directs jugent leur conduite, leurs services et leurs connaissances pratiques ; puisqu'enfin on leur a dit quel rang ils occupent sur la liste de présentation des officiers de leur grade, comment est-il possible qu'une telle déception leur survienne sans aucune explication ?

Procédé commode, en vérité, qui permet à un ministre d'accorder un grade ou plutôt une faveur au protégé d'un ami à qui l'on tient à faire plaisir ou d'un député dont on veut mériter les votes ! Seulement, il conviendrait peut-être de ménager la fierté légitime des soldats que l'on écarte ainsi du coude pour en faire passer d'autres à leur place, et le moins qu'on leur doive, c'est de leur dire pourquoi on ne les choisit pas.

Aussi bien, ce n'est pas seulement leur intérêt qui l'exige : c'est l'intérêt de tout le monde.

Quel prestige, en effet, et quelle autorité peut conserver le commandant de corps d'armée lui-même, dont les jugements et les choix sont ainsi bafoués ? Si ses propositions sont mauvaises, ou du moins si elles ont semblé telles, d'après les renseignements parvenus au cabinet du ministre ; si, par exemple, un haut fonctionnaire comme le préfet — à qui le gouvernement a le droit et le devoir de demander des informations sur tous les serviteurs de l'E-tat, militaires ou civils, — a fait savoir que les candidats classés en tête de liste par le général en chef sont des adversaires détermi-nés de nos institutions, le ministre a eu rai-son de passer par-dessus les six premiers proposés pour choisir le septième.

Mais alors un devoir étroit lui incombe : il doit faire savoir, sans retard, à qui de droit, les motifs de sa décision.

Bien plus : une sanction s'impose mainte-nant, et s'il ne peut avoir assez de confiance en un général qui commande à 38,000 hommes pour désigner le meilleur et le plus fidèle de ses capitaines, il ne peut se dispenser de frapper ce général, après l'avoir ainsi désavoué publiquement. Il doit lui retirer son commandement.

Faute d'agir avec cette logique vigoureuse, il donne à penser à tout le monde que les règlements militaires ne sont qu'une frime, que les examens, les inspections et les notes sont à l'usage des naïfs, et que, à côté de la loi, toujours gênante, il y a le bon plaisir, dont les soldats et les officiers sont invités, une fois pour toutes, à s'accommoder.

Combien d'autres anomalies absurdes ou révoltantes ne pourrait-on pas signaler dans l'établissement même des listes d'avancement !

Quelle part y était faite aux officiers sortant du rang, avant que le général Picquart, reprenant et complétant les idées du général André, eût commencé à leur rendre justice en les traitant comme leurs camarades sortis des écoles spéciales ? Elle était presque nulle !

Et comment serons-nous assurés que, les années suivantes, ce ne sera plus, selon la mode du jour et le vent qui soufflera, telle catégorie qui aura toutes les places au détriment des autres ? Le Parlement a pris, il y a quelques mois, une décision intéressante et de nature à limiter l'arbitraire des chefs et le caprice des ministres, en ordonnant que les inscriptions ne seraient prises que dans la première moitié de la liste d'ancienneté. D'autre part, une proposition de mon collègue et ami Le Hérissé, qui sera certainement votée, exige que, pour accéder au grade supérieur, l'officier puisse exercer son nouveau commandement au moins quatre ans avant d'atteindre la limite d'âge. Ce sont là de bons correctifs ; mais il reste à faire un travail d'ensemble, à édicter une règle équitable, qui constitue vraiment la Charte moderne de l'officier... Nous verrons comment.

* * *

En attendant, la suppression des commissions de classement, ordonnée par le général André, mérite toute notre approbation, car elles formaient, en réalité, la petite Bourse des valeurs militaires, et c'est là que nos généraux à l'ancienne mode avaient coutume de se livrer entre eux à d'utiles marchandages. Ils profitaient de la circonstance annuelle de leur réunion, pour favoriser leurs protégés respectifs — « Passe-moi celui-ci, je le passerai celui-là ! » — Mais on aurait tort de penser que le mal soit complètement enrayé.

Il y a encore deux de ces commissions qui fonctionnent au Ministère, en vertu d'une singulière anomalie administrative et légale, et l'une d'elles vient de consacrer, sur l'initiative du général qui la préside, un scandaleux abus de pouvoir.

Cette année, ce président a inscrit sur la liste définitive le nom d'un lieutenant, son parent, je crois, appartenant à un de nos régiments d'Algérie, et qui s'était fait mettre au mois d'avril 1903 en congé de trois ans. Le ministre, probablement, n'a pas été avisé de cette situation particulière, puisque l'inscription a été maintenue !

Comprend-on bien tout ce qu'il y a de choquant et d'inacceptable, pour les esprits militaires, dans un pareil passe-droit ?

Et même, sans parler le langage de l'armée, sans connaître les règles étroites qui la régissent, — ou qui devraient la régir ! — est-il dans le monde civil un seul honnête homme qui puisse admettre qu'un général, jouant pour ainsi dire le rôle d'arbitre, en présence d'une foule de jeunes officiers laborieux et méritants, aille choisir pour le grade supérieur un candidat qui s'est ainsi absenté du corps, alors que ses camarades poursuivaient courageusement leur dure besogne, et qui a *coupé* à tous les devoirs de son métier jusqu'au jour où lui serait accordée, avec le grade qu'il ambitionne, la garnison qu'il préfère ?

Le tour de main du président de la commission de classement, joint à une interruption opportune du congé du lieutenant, a résolu toutes les difficultés, écarté tous les obstacles — et l'arriviste est arrivé.

Eh bien, quelle mesure va-t-on prendre contre le général qui a fait cela ?

Toute l'armée maintenant connaît son action d'éclat ; tous les officiers le nomment et nomment son protégé. Allons-nous voir cependant le ministre accepter un tel scandale et le couvrir de sa haute probité, de son autorité morale intacte ?

C'est probable, et nous en verrons encore bien d'autres ! On ne frappe que les petits ! Les gros peuvent tout se permettre... Et après tout, sait-on si ce général qui a tant de sollicitude pour les candidats faisant partie de son entourage et qui sait se montrer pour eux un protecteur si efficace, n'est pas, lui aussi, le protégé de quelqu'un ? Il l'est, n'en doutez pas !

* * *

Interrogez, en n'importe quelle région de la France, les officiers subalternes ou supérieurs de n'importe quelle arme, de n'importe quel régiment : ils vous raconteront tous quelque histoire semblable à celles que je viens de noter ici, hâtivement. Ils vous donneront des détails navrants sur tout ce que ne fait pas l'armée d'utile et même de nécessaire, et sur tout ce qu'elle tripote d'inutile et de néfaste.

Je reçois souvent leurs communications ; je contrôle tout ce qu'ils me disent, en camarade, en ami, en soldat qui depuis vingt ans n'a jamais eu de plus ardente affection que pour l'armée ni de plus cher devoir que de la servir, — et ce chapitre n'est que le résumé bien incomplet et bien adouci de leurs récits, de leurs plaintes et de ce que je sais.

Heureusement, nos jeunes officiers sont vaillants, dévoués quand même, et la vie militaire, avec tout ce qu'elle comporte d'enseignements profonds, a mis en eux une bonne dose de philosophie.

Et puis, ils ont sous leurs ordres de si admirables soldats, que les hideuses doctrines des sans-patrie ont à peine effleurés sans les atteindre.

Oui ! Nos troupiers sont toujours parfaits, toujours solides, toujours actifs et disciplinés. Oui ! notre corps de sous-officiers est excellent à tous points de vue ! Oui ! nos lieutenants et nos capitaines travaillent et font de leur mieux.

Oui, nous avons de brillants officiers supérieurs...

Mais je m'arrête là. — L'armée n'est pas commandée.

LES BUREAUX

« L'armée n'est pas commandée », ai-je dit. Je tiens à déclarer tout de suite qu'il n'entre nullement dans ma pensée de discuter le mérite de telles ou telles personnalités militaires : c'est à un système que je m'attaque, ce n'est pas à des hommes.

Si je signale tout haut des abus criants ; si je n'hésite pas à souligner des fautes graves dont le pays a déjà souffert et dont il risque de souffrir plus encore, ce n'est pas pour le misérable plaisir de confondre de grands chefs, mais pour remonter aux causes, en toute indépendance d'esprit, en toute probité de conscience, et pour tenter de faire œuvre utile et durable.

Non ! L'armée n'est pas commandée ; mais cela tient surtout aux défauts de notre organisation.

Demandez à des citoyens français, pris au hasard, de vous dire quel est le vrai chef des forces nationales. Autant de fois vous poserez la question, autant de réponses différentes vous recevrez.

L'un vous dira que c'est le Président de la République qui commande les troupes, en vertu de la Constitution ;

L'autre, que c'est le Ministre de la Guerre, puisque celui-ci est seul responsable devant le Parlement ;

Un troisième, que c'est le général désigné d'avance pour diriger le principal groupe d'armées, en cas de mobilisation, puisque c'est lui qui sera, en fait, appelé à manier l'instrument forgé pour notre défense ;

Un quatrième n'hésitera pas à vous dire que c'est le chef d'Etat-Major général, puisqu'il est censé demeurer inamovible, tandis que nos ministres passent.

Autant d'erreurs !... Le véritable chef de l'armée n'est aucun de ceux-là : c'est l'être anonyme et multiple, c'est l'entité produite par l'effrayant enchevêtrement d'organes disparates et de groupements plus ou moins consultatifs, que l'on appelle « les bureaux » (1).

____

(1) Il va sans dire que par « bureaux », au ministère de

Les bureaux, — c'est-à-dire, à la fois, le rempart le plus puissant de la routine, l'obstacle le plus sûr élevé contre toute suppression de dépense inutile, le fossé où la volonté du Ministre fait infailliblement la culbute, le tombeau des initiatives individuelles et des caractères les mieux trempés : — ce sont les bureaux qui commandent l'armée !

Le Président de la République ne sait d'elle que ce qu'on lui en dit ; le Ministre, que ce qu'on lui en montre ; le général d'armée, que ce qu'il en découvre au cours d'inspections qu'il n'a même pas le droit de multiplier au delà d'une certaine limite, et de manœuvres théâtrales, terminées par une revue solennelle ou par un déjeuner de gala qui aura nécessité des concentrations trop prévues et faussé les leçons de la petite guerre.

Le chef d'Etat-Major change en moyenne tous les dix-huit mois, et, pendant sa courte existence, il est submergé par les paperasses...

Les bureaux seuls règnent, gouvernent, choisissent, décrètent et tiennent en un mot les fils de la grande machine à tisser la victoire.

la guerre, on ne doit pas entendre les organes d'administration qui expédient consciencieusement les affaires du département mais les comités et commissions techniques ou autres dont il va être ici question.   CH. H.

Qui dit « chef » évoque l'idée d'une volonté libre et agissante et par suite d'une complète responsabilité.

Qui dit « hiérarchie » vise une division efficace du travail entre des collaborateurs placés à des échelons successifs et se commandant ou se contrôlant les uns les autres.

Où voyez-vous, dans notre armée, rien qui ressemble à cela ? Vous n'apercevez qu'une série confuse de rouages dont l'action respective, mal définie et mal réglée, s'entrecroise au lieu de s'engrener. Tout cela délibère ou donne des avis, transmet des lettres ou des réponses, étudie les questions qu'on ne résout jamais, ou que l'on résout tout de travers, et ce sont des directions, des comités, des commissions, des sections, des inspections, — des bureaux enfin, parfois en rivalité, souvent en désaccord et presque toujours en double emploi.

L'autorité ministérielle, au lieu de se déléguer régulièrement à dès intermédiaires qualifiés, chacun dans sa spécialité, pour le plus grand bien du pays, est sournoisement battue en brèche, dans les circonstances les plus graves, et les différents rouages de l'administration centrale, bien loin de s'accorder pour concourir au but commun, se gênent ou s'ignorent, tout au moins, les uns les autres.

Tous les rapporteurs du budget, tous les jeunes officiers, tous les écrivains militaires ont déjà signalé le foisonnement excessif et absurde des conseils, des comités techniques ou consultatifs, des commissions d'étude ou de perfectionnement, etc., qui ont envahi le ministère de la rue Saint-Dominique et qui l'ont divisé en compartiments étanches, au milieu desquels s'égare et disparaît toute velléité réformatrice.

On dirait autant de petits Parlements, où se dédommage la Grande Muette.

Je veux essayer d'en faire le dénombrement, car le public, je le gagerais, ignore de combien de salons où l'on cause se compose en réalité cette grande usine qui devrait être un organe d'étude silencieuse et d'exécution vigoureuse et prompte.

*
* *

Il y a d'abord le Conseil supérieur de la Guerre.

Je n'aurai garde de parler avec irrévérence de cette institution imposante ! Toutefois, on peut bien faire observer que la Convention, le Directoire, le Consulat, le Premier Empire s'en passèrent et que pourtant l'activité militaire de la France, à ces différentes époques, ne souffrit pas d'une telle lacune. On peut aussi se souvenir que, pour réaliser certaines réformes, comme le service de deux ans, par exemple, il fallut récemment aller à l'encontre des avis du Conseil supérieur.

Je n'apprécie pas, je constate.

Je constate également que sa composition est bien abondante ! Il suffirait largement d'y faire entrer six généraux,... à la condition qu'ils fussent encore valides !

Je remarque enfin que les avantages qui sont faits à ces personnages consulaires de l'armée sont souvent excessifs.

Voici comment l'on peut résumer ce qu'ils reçoivent à divers titres :

Solde...	19,894 fr. 74
Frais de service.............................	14,400 »
Indemnité de résidence à Paris (pour la plupart d'entre eux).............	1,800 »
Inspections (maximum)	960 »
Légion d'honneur (G. O.)...................	2,000 »
Direction de manœuvres....................	2,000 »
Total...........................	41,054 fr. 74

Je ne parle pas de la faculté laissée à ces officiers de faire élever leurs enfants à la Flèche ou à la Légion d'honneur, ni de leurs cinq chevaux, ni de leurs ordonnances, ni des

allocations quelquefois considérables qu'ils se
font remettre sur les fonds particuliers du
ministre pour couvrir les dépenses somptuaires
faites au cours des manœuvres, ni des cartes
de circulation gratuite sur les chemins de fer
qui leur sont délivrées souvent, cartes qui ne
suppriment point l'indemnité kilométrique al-
louée sur le chapitre des frais de route...

Quelques-uns de ces grands chefs, malgré les
avantages si considérables que leur vaut déjà
une telle situation, ne craignent pas de montrer
en toute occasion une âpreté qui ferait sourire,
si l'on pouvait citer tous les menus détails où
elle descend. L'un d'eux, gouverneur d'une
grande ville de province et commandant éventuel de deux corps d'armée en même temps qu'il
appartenait au Conseil supérieur, s'était appliqué à calculer de combien de pièces de vingt
francs il se trouvait frustré par la privation de
l'indemnité de résidence à Paris, quoiqu'il fût
logé au siège de son gouvernement dans un
palais de l'État, et il accablait le ministre de ses
réclamations, afin que le total de ses émolu-
ments fût grossi d'une demi-douzaine de louis.

D'autres, qui déménagent de leur propre gré,
se font rembourser sur les fonds particuliers
du ministre (lisez : sur les fonds secrets de la
guerre) les sommes qu'ils ont versées ou qu'il

leur reste à verser pour s'acquitter du montant
intégral de leurs contributions annuelles, et cela
nonobstant l'indemnité de déplacement que déjà
ils se sont fait indûment accorder. Le « Contrôle » ferme les yeux.

S'il s'agissait d'un officier supérieur ou subalterne, on ne leur donnerait rien du tout ;
mais il y a des grâces d'Etat pour certains
officiers généraux qui se considèrent comme
étant au-dessus des lois.

Il y aurait d'ailleurs tout un volume à écrire
sur les affectations parfois bizarres et souvent
scandaleuses que recevaient *jusqu'en ces dernières années* ces fonds secrets que l'on s'imagine destinés à pourvoir aux nécessités les
plus mystérieuses de la défense nationale. Ils
servent parfois à donner de bien étranges pourboires et à compléter, *secrètement* en effet,
pour des veuves illustres la solde d'activité de
défunt leur mari.

Il faut cependant reconnaître, pour être tout
à fait équitable, qu'il y eut jusqu'à *un* de ces
généraux, membre du Conseil supérieur, qui ne
voulut point conserver le montant de son indemnité kilométrique. Pourvu d'une carte de
circulation, il prenait et payait néanmoins à
chaque voyage un billet de 1re classe, comme
un simple officier subalterne. Il trouvait ainsi

le moyen de sauvegarder la stricte probité tout en évitant de faire une restitution bruyante, qui eût pu ressembler à une leçon donnée à ses collègues, — et qui d'ailleurs eût été inutile, l'État ne consentant pas plus à reprendre l'argent qu'il a donné indûment qu'à rendre l'argent qu'il a indûment perçu.

Mais voici qui est extraordinaire : « pour ménager l'argent des contribuables » on limite chaque année à une huitaine de jours par corps d'armée les inspections que peuvent faire les futurs commandants en chef, si bien que, les uns en seize jours et les autres en vingt-quatre au maximum par an, ces hommes, de qui dépendra la victoire, doivent examiner et connaître à fond les officiers et les troupes qui combattront sous eux !

Connaissez-vous rien de plus bouffon ?

Comment ! Un général en chef d'armée, désigné dès le temps de paix pour diriger contre l'ennemi des troupes qui comprendront de soixante-seize mille à cent quatorze mille hommes, aura le droit, pendant seize jours sur 365 dans le premier cas, pendant vingt-quatre dans le second, d'inspecter ses troupes, de pénétrer leur esprit, de connaître leurs officiers, d'étudier la frontière que déjà peut-être elles occupent, de parcourir les chemins où

elles auront à passer, de supputer les ressources de la région où elles auront à vivre et
à combattre ; il aura le droit pendant la moitié
ou les trois quarts d'un mois de se préparer
effectivement à la tâche formidable qui sera
la sienne un jour ; et pendant le reste de l'année, pendant onze mois et demi ou onze mois
un quart, il devra s'abstenir de toute inspection de ce genre, afin que la France économise
un ou deux louis par jour !

Quel est le patriote intelligent, doublé d'un
économiste ingénieux, qui a pu imaginer un
règlement comme celui-là ?

Quel est le Ministre de la Guerre, ou plutôt
le Directeur du Contrôle qui a placardé sur les
murs du Conseil supérieur de la Guerre cet
avis surprenant : « Défense aux généraux en
chef de travailler plus de vingt-quatre jours
par an ! Cela coûterait trop cher ! »

Est-ce que c'est en un jour ou deux ou même
en une semaine, ou même en un mois, que l'on
peut visiter et connaître parfaitement une série de places fortes ? Et pour un camp retranché, est-ce que l'on a le temps de constater ce
qui fait son utilité mais aussi ce qui peut faire
sa faiblesse, dans le court délai dont permet
de disposer un billet d'aller et retour ? Et les
généraux en sous-ordre, est-ce qu'il ne faut.

pas les suivre sans cesse des yeux, pour savoir quels lieutenants ils seront sur le champ de bataille ? Et les officiers supérieurs ou subalternes, est-ce qu'il ne faut pas aussi les étudier, pour savoir si parmi eux il n'en est pas qui feraient de fiers généraux ? Et le soldat, enfin, l'humble soldat, avec tout son dévouement, toute sa patience et toute sa bonne humeur, pourquoi donc le chef qui le conduira peut-être au feu ne s'appliquerait-il pas à le bien regarder, et ne se laisserait-il pas aussi regarder par lui ?

Je puis bien rappeler ici ce que j'écrivais ailleurs, il y a quelque temps, sur cette retraite parfois anticipée — et honorifique — qu'est le Conseil supérieur, et sur le vrai rôle que devraient jouer dès maintenant les plus brillants de ses membres.

« Quant aux généraux désignés pour commander les armées, disais-je, ne serait-il pas préférable de les voir, en temps de paix, exercer leur vigueur intellectuelle et physique dans un commandement réellement actif, à la tête d'un corps d'armée, par exemple ? Et si l'on veut les décharger des occupations trop administratives que nos règlements touffus et nos mauvaises méthodes imposent encore à tous nos chefs d'unités, pourquoi ne pas adopter le

système de l'Autriche, qui donne à chaque général en chef désigné pour un emploi de
guerre plus important, un *ad latus*, véritable
commandant en second du corps d'armée, plus
spécialement chargé du service courant ? Le
futur général d'armée aurait ainsi le temps de
travailler en outre avec son Etat-Major de
guerre ».

C'est là une vue d'avenir à laquelle, certes,
je ne renonce pas ; mais, dès à présent, si l'on
tient à conserver encore le Conseil supérieur,
que du moins on diminue le nombre de ses
membres, que l'on supprime les sièges réservés à la faveur ou destinés à servir de dédom-
magement à des soldats vieillis avant l'âge de
la retraite et, sur l'économie relativement considérable qui sera ainsi réalisée, le Directeur
du Contrôle trouvera peut-être le moyen de
prélever les quelques louis nécessaires pour
autoriser nos futurs généraux en chef à se
préparer vraiment à la guerre, au lieu de les
forcer en quelque sorte à jouir des bienfaits de
la paix, dans une oisiveté dorée.

* * *

Après le Conseil supérieur, voici les 11 comités techniques : Etat-Major, Infanterie,

Cavalerie, Artillerie, Génie, Gendarmerie, Poudres et Salpêtres, Intendance, Santé, Troupes coloniales, Contentieux et Justice militaire. Chacun d'eux est formé d'une dizaine de généraux de division ou de brigade (ou assimilés) qui ne sont même pas tous, — à beaucoup près — pourvus d'un commandement, comme l'exige le décret de 1888, et qui par conséquent n'ont d'autre rôle à remplir que de siéger, le plus rarement possible, autour d'un tapis vert, et de fourrer de sages bâtons dans les roues qui sans eux nous emporteraient follement, paraît-il, vers le progrès.

Pour plus de sûreté d'ailleurs, on introduit quelquefois la plus aimable fantaisie dans la composition de ces petits cénacles. C'est ainsi que certains comités ne sont pas du tout présidés comme on pourrait le croire, par un général de leur arme ou service, mais par un étranger à cette arme ou à ce service.

J'indique en passant que les présidents de Comité technique reçoivent comme frais de service, en plus de la solde de leur grade, la somme de 6,480 francs par an, plus, cela va sans dire, l'indemnité de résidence à Paris, plus les chevaux, etc.

Leurs officiers d'ordonnance, — car ils ont naturellement des officiers d'ordonnance ! —

n'ont pas autre chose à faire que de signer les bons de fourrage pour les chevaux de leur chef, lequel bien souvent ne monte pas à cheval.

Chacun de ces Comités est doublé d'une section technique autrefois attachée à la Direction correspondante, qu'elle aidait de son activité ingénieuse et débrouillarde, et maintenant condamnée à végéter, inutile et découragée, dans la dépendance de vénérables officiers généraux ennemis de ce qu'ils appellent les « réformes hâtives ». La section technique, ordinairement composée d'un officier supérieur et de trois ou quatre capitaines intelligents et instruits, travaille pour de bon, utilement, pratiquement. Mais à quoi voulez-vous que cela serve ! Loin de vaincre par l'infusion de leur sang jeune et généreux l'artério-sclérose militaire de leurs aînés, c'est leur ardeur, à eux, qui est éteinte ; ce sont leurs efforts qui sont stérilisés.

Lorsque, en deux ou trois semaines, un jeune capitaine a consciencieusement fouillé la question dont l'étude lui avait été confiée, son rapport gît encore six mois après, parmi les dossiers du Comité technique. Il n'en sortira, — s'il en sort, — que vidé de tout ce qu'il contenait d'original et de fécond ; ce sera un texte incolore, anodin, traditionnel, que le Ministre signera... peut-être, après l'avoir parcouru avec ennui, et dont la seule utilité sera de grossir de quelques pages fastidieuses l'un des 104 volumes de la collection du *Bulletin Officiel* du Ministère de la Guerre.

* * *

Mais il y a quelque chose de plus grave que d'être inutile et coûteux : c'est de nuire. Et je ne crains pas de dire que les Comités techniques, commissions, inspections, etc... tels qu'ils existent avec leur particularisme étroit, qui épouse toutes les jalousies et toutes les rancunes des directions correspondantes avec leur indifférence pour tout progrès qui serait dû aux efforts du voisin, privent le pays d'avantages considérables, que, sans eux, lui vaudrait le génie inventif de ses enfants.

En voici une preuve saisissante... et récente :

En 1900, un capitaine d'artillerie, attaché à l'École de pyrotechnie de Bourges découvrait, à la suite de patientes études, un explosif supérieur à la mélinite. Après s'être assuré des propriétés extraordinaires de ce corps et avoir vérifié qu'il ne présentait aucun des inconvénients relevés à la charge de celui dont nous nous servons pour remplir nos obus de rupture, il communiqua naturellement sa découverte à la direction d'Artillerie, dont il dépendait, et celle-ci en saisit le Comité technique.

Le Comité étudia le rapport du capitaine et l'approuva. Puis il le transmit au Comité des Poudres et Salpêtres, pour la suite à donner à l'invention.

— De quoi se mêlent ces artilleurs, se dirent aussitôt les membres de ce second aréopage ? Voilà qu'ils vont sur nos brisées ! Est-ce que nous fabriquons des canons, nous ?

Et le résultat de cette mauvaise humeur fut que les « Poudres et Salpêtres » écrivirent en marge du rapport : « Cela ne vaut rien. »

L'affaire était enterrée. On n'en parla plus.

On l'avait même complètement oubliée, quand le bruit se répandit soudain, en 1906, qu'un pays étranger possédait un explosif bien supérieur au nôtre et dont il se servait désormais pour tous ses projectiles. C'était une matière tellement parfaite qu'on la manipulait sans aucun danger, qu'elle se conservait indéfiniment et qu'on en pouvait charger les shrapnells comme les obus ordinaires. Ses qualités brisantes étaient soigneusement mesurées.

— Diable ! Voilà qui est grave, se dit-on, rue Saint-Dominique. Il serait bien important d'avoir un échantillon de ce produit-là ! Comment faire ?

On cherche ; on s'informe. M. Etienne, alors ministre, ému à la pensée qu'un tel avantage pouvait être acquis à d'autres pays que la France, qui avait si longtemps tenu la tête pour le matériel et les poudres d'artillerie, exigeait patriotiquement que l'on fît les plus grands efforts pour se procurer un peu de cette substance merveilleuse.

— Il m'en faut, disait-il !

Quelqu'un vint le trouver, un jour, et lui dit :

— Monsieur le Ministre, j'apprends que vous seriez désireux de posséder une certaine quantité de l'explosif dont se sert maintenant telle puissance. Combien en voulez-vous ? Dix, vingt ou trente mille kilos ? Je me tiens à votre disposition pour vous les fournir. Rien n'est plus facile : C'est un produit de l'industrie privée qui n'a rien de secret et que l'étranger a probablement imité de ce qui s'est fait en France, car sur ce terrain nous sommes, je crois, sans rivaux...

On reçut, en effet, quarante-huit heures plus tard, aux ateliers de pyrotechnie désignés par

le Ministre, une importante provision de l'explosif prétendu mystérieux ; on l'analysa, et
l'on reconnut qu'il était sensiblement pareil à
celui que le capitaine français de l'Ecole de
Bourges avait obtenu six ans plus tôt !...

Et voilà comment l'esprit de corps, se tra-
duisant stupidement par un acte véritable d'i-
gnorance ou d'incurie — chez des hommes cependant instruits et patriotes, j'imagine, — a
longtemps privé un brillant officier du bénéfice
moral de son travail, et nous a privés, nous,
d'une arme dont l'étranger s'est emparé avec
empressement.

Mon récit ne serait pas complet, si je n'a-
joutais que la France n'emploie pas encore,
maintenant, l'explosif en question, et c'est
pourquoi j'ai saisi de ces faits le Ministre de
la Guerre et la Commission de l'Armée.

Il faudra bien que l'on finisse par prendre
des résolutions énergiques car en vérité la situation prêterait à rire, si elle n'était, au fond,
très inquiétante. Nous en sommes venus à ce
point, en effet, que la mésintelligence est complète entre deux services faits pour se compléter l'un l'autre et qu'un haut fonctionnaire
de la Direction des Poudres et Salpêtres, que je
consultais pour savoir où en étaient ses travaux
sur le nouvel explosif, me répondit diplomati-

quement : — « Nous approchons de la solution », sans même paraître se douter que la solution est trouvée, et par un Français, encore ! L'étranger regorge de ce qui nous manque, parce que nous avons la manie d'attendre pour utiliser nos propres inventions que nos voisins les connaissent, les emploient et nous les revendent.

Peu de jours après, un membre important de la Direction d'artillerie me disait, d'ailleurs, à son tour :

— Vous vous figurez, n'est-ce pas, que les chimistes des Poudres et Salpêtres fabriquent les poudres dont nous avons besoin pour nos pièces ? Eh bien pas du tout ! C'est nous qui sommes obligés de fabriquer des canons pour consommer les poudres qu'ils nous donnent.

Je puis ajouter que si, aujourd'hui, la poudre de nos cartouches d'infanterie est au moins égale à celle des Allemands, (après lui avoir été inférieure, pendant quelque temps, sans que chez nous l'on ait paru s'en douter), c'est aux travaux d'un officier d'infanterie qu'on le doit. Grâce à sa ténacité, les transformations nécessaires se sont imposées dans la fabrication, et maintenant une grave cause d'infériorité pour nous a été écartée.

Il n'y a qu'un moyen d'en finir avec ces jalousies néfastes et ce renversement des rôles : c'est de supprimer purement et simplement la direction des Poudres et Salpêtres en rattachant son personnel technique à la Direction d'artillerie.

De la sorte, au moins, nos explosifs et nos canons seront faits les uns pour les autres !

Ce travail de simplification pourrait au surplus être étendu. Je n'en veux pour preuve que ce qui se passe à la Direction de l'infanterie, où, depuis l'arrivée d'un nouveau directeur, qui a rendu à leurs régiments la moitié des officiers qu'employaient ses prédécesseurs et jusqu'à son sous-directeur, les affaires de toutes sortes sont traitées et résolues avec une louable rapidité, alors qu'auparavant elles traînaient lamentablement.

* * *

Après les onze comités techniques, voici maintenant les dix-neuf grandes commissions permanentes qui figurent à l'Annuaire de l'Armée :

Commission des Ecoles militaires ; Commission mixte des Travaux publics ; Commission militaire supérieure des chemins de fer ; Commission d'études pour la défense du littoral qui

ne comprend pas moins de cinq généraux ;
Commission centrale de travaux géographiques;
Commission des Archives ; Commission consul-
tative du perfectionnement du Musée de l'Armée ; Commissions consultatives de Télégraphie
et d'Aérostation militaires ; Commission d'étude
des engins et méthodes employés par le Génie
dans la guerre de siège et de campagne ; Commission des substances explosives ; Commission mixte de fabrication des poudres explosives ; Commission de Médecine et d'Hygiène
vétérinaires ; Commission d'examen des Inventions intéressant les armées de terre et de mer ;
Commission supérieure d'étude des armes portatives et de petit calibre ; Commission centrale
de réception des poudres de guerre ; Commission de classement des candidats aux emplois
réservés aux engagés et rengagés ; Commission
de publication du *Bulletin Officiel* du Ministère
de la Guerre ; enfin, pour clore dignement cette
liste de titres impressionnants « Commission
chargée de donner son avis sur les demandes
et réclamations présentées par les syndicats
et autres associations ouvrières relativement
à la situation du personnel civil d'exploitation
des établissements militaires ».

A quoi, grand Dieu ! peuvent bien servir
toutes ces assemblées délibérantes ? Vous le

demandez ? Elles servent principalement à fournir des postes et une garnison de choix à des généraux que les ministres successifs ont eu quelque raison de favoriser, ou bien, au contraire, à ceux qu'ils ont dû débarquer, comme insuffisants, lorsqu'ils occupaient des situations plus sérieuses, et auxquels on a voulu conserver leur solde entière, agrémentée de quelques indemnités de résidence et de frais de service ou autres...

Nous possédons dans l'armée française 220 généraux de brigade et 110 généraux de division, sans compter l'armée coloniale et sans parler des colonels ou des brigadiers nommés illégalement et coûteusement « par intérim » au commandement d'une brigade ou d'une division, — alors qu'il y a 107 généraux sans soldats ! — Sur cet effectif imposant de grands chefs, on pourrait en citer une bonne douzaine qui n'ont jamais commandé aucune troupe... Il faut bien trouver de l'occupation ou tout au moins des sinécures profitables pour tant de monde. C'est pourquoi nous avons 19 commissions permanentes !

C'est aussi pourquoi nous avons une centaine de commissions temporaires, ainsi nommées, sans doute, parce que le temps n'a aucune prise sur elles. On peut faire avouer, en effet, à une commission tout ce qu'on veut, hormis que son ordre du jour est épuisé. Celles dont je parle se survivent gaillardement à elles-mêmes. Il n'y a aucune bonne raison pour qu'elles disparaissent jamais, car, si elles furent d'inégale importance, même au temps où elles semblaient servir à quelque chose, elles sont toutes également présidées par un général et elles sont censées délibérer encore sur les sujets les plus divers, avec la plus impartiale incompétence. Il y en a pour tout : pour le couchage (1) — pour la revision

(1) A propos du couchage des troupes, il me faut bien constater ici le ridicule et lamentable échec du nouveau système de couchage imposé à nos corps de troupe. On nous avait formellement promis, du haut de la tribune, qu'aucun soldat ne serait distrait de son service militaire pour être employé au service de la literie ; on nous avait affirmé qu'aucun maniement de matelas ou de draps ne remplacerait le maniement d'armes. Or, six mois après ce solennel engagement, on s'aperçoit, comme je l'avais prévu, qu'on s'est complètement trompé et qu'il a été nécessaire, dans tous les corps de troupe, de distraire des officiers, des sous-officiers, caporaux ou brigadiers et soldats, de leur besogne militaire pour les consacrer aux devoirs de la comptabilité-blanchisserie.

Et encore si nos troupiers étaient mieux couchés ! Mais non : en dépit des commissions consultatives qui se multiplient sous la haute direction de M. le sous-secrétaire d'État à la guerre, leurs draps continuent à ne pas être changés pendant des mois. Les médecins protestent en outre à l'unanimité contre l'installation dans les postes de garde de paillasses, de traversins et de couvertures dont la saleté repoussante entraîne bien vite les plus graves périls. Un général commandant de corps d'armée écrivait récemment au ministre que cette innovation « favorise la propa-

des tarifs et frais de route, — pour l'amélioration du chauffage des casernes, — pour ap-
précier les résultats d'un concours de sommiers métalliques, — pour l'étude des gamelles
en aluminium (2), — pour le perfectionnement
du Musée de l'Armée, — pour la cryptographie,
— pour le matériel spécial destiné aux unités

gation des maladies contagieuses et entraîne les plus fâ-
cheux résultats au point de vue de l'hygiène des hommes. »

Un autre général en chef écrit « que le principal inconvénient du nouveau système de couchage est de distraire
du service actif un nombreux personnel d'officiers, sous-
officiers, caporaux ou brigadiers et soldats... »

Si le contrôle qui est le principal responsable de cette
organisation défectueuse puisqu'il a préconisé la création
de la masse de couchage, ne trouve pas assez probants les
rapports des généraux en chef, tous conformes ou à peu
près à ceux que je viens de citer, il n'a qu'à lire ce que
disent sur la question tous les intendants généraux ou
intendants militaires, directeurs administratifs des corps
d'armée.

Je trouve dans le rapport de l'un d'eux (et presque tous se
ressemblent), ceci :

« ... A notre avis, le plus gros inconvénient du service
du couchage tel qu'il est organisé actuellement, est de
constituer une trop lourde charge pour les conseils d'administration et leurs agents, de créer de nouvelles dépenses
pour les locaux nécessaires et leur entretien, et de distraire
forcément de son service un personnel qui sera irrégulière-
ment employé ».

« La surveillance effective sera tellement difficile, dans
certains cas, que des défaillances se produiront. De là à
une mauvaise gestion, avec toutes ses conséquences finan-
cières pour l'Etat, il n'y a qu'un pas... »

(2) ... Alors que actuellement encore et malgré l'avis du
Parlement, on continue à passer des marchés pour la fourniture d'ustensiles en fer-blanc !

cyclistes combattantes, — pour la réception des effets de la gendarmerie, — pour les viandes fraîches à court terme, — pour les viandes conservées, — pour les viandes frigorifiées (3 commissions distinctes) — pour la simplification des tenues, etc., etc...

Joignez à cela deux commissions différentes pour s'occuper des bibliothèques de garnison, cinq pour les poudres et explosifs, cinq pour les questions d'hygiène, etc., etc.

Je tiens à mentionner spécialement, dans ce lot de parlottes superflues et coûteuses, une commission dite « des marchés » qui a été créée au mois de novembre 1895. Son rôle doit être de « coordonner, de mettre en harmonie et de simplifier les nombreux cahiers des charges qui régissent les travaux et les fournitures que commande l'administration de la guerre ». Rien de mieux, dira-t-on !

Cette commission est présidée par un contrôleur général. Toutes les armes, tous les services, y compris le Contrôle et le Contentieux, y sont représentés.

Parfait !

Oui, mais lorsqu'un cahier des charges, préparé par une autre section technique, a subi l'examen de la Commission des marchés, il faut encore, comme au temps où cette commission n'existait pas, qu'il soit soumis aux directions du Contrôle et du Contentieux.

Alors, à quoi bon l'avoir constituée ?

Il en résulte des retards qui se chiffrent souvent par plusieurs mois, qui conduisent à passer les adjudications aux moments les plus défavorables de l'année au point de vue des cours, et qui obligent finalement les services de comptabilité à de véritables tours de prestidigitation pour ne pas laisser périmer — faute de les avoir employés en temps utile — les crédits votés par le Parlement.

En vérité, je proposerai quelque jour qu'on nomme une 101e Commission, chargée de dresser la statistique du temps perdu par les autres et des réformes qu'elles ont empêché d'aboutir. Pour celle-là, je n'aurai qu'une crainte : à savoir, que ses membres ne meurent avant d'avoir fini !

* * *

Les effets de ce gâchis ? Ils sont multiples et navrants.

Un nouveau ministre arrive. Il a des idées à lui, des projets d'amélioration. Il veut travailler. Il veut faire « quelque chose ». Mais l'usage exige qu'il commence par confier l'étude qui l'intéresse soit à l'une des Commissions existantes, soit à une Commission nouvelle qu'il nommera tout exprès. Il a le tort de se conformer à l'usage, et voilà sa réforme lancée dans la filière !

Il la perd de vue, et, neuf fois sur dix, quand la Commission est prête à déposer son rapport, il y a belle lurette que le ministre est parti.

Exemple : M. Berteaux s'était ému de la condition du personnel civil de l'administration centrale, beaucoup moins favorisée sous le rapport des traitements et des emplois supérieurs que celui des autres ministères. Une Commission présidée par M. Crétin, contrôleur général dé 1re classe, conseiller d'Etat, reçut mandat de préparer d'urgence un projet de réorganisation. Elle dut se hâter, puisque l'ordre ministériel recommandait la célérité. Pourtant, lorsqu'elle présenta ses propositions,... M. Etienne, successeur de M. Berteaux, était à la veille de céder la place au général Picquart !...

M. Chéron, saisi à son tour de la même question, se jura de la trancher. Il demanda un projet, non à une Commission, mais à un seul homme, à un chef de bureau connu pour sa compétence et pour son esprit de décision :

huit jours plus tard, un projet était prêt qui donnait satisfaction à tous les intéressés sans surcharge budgétaire.

Au moment de signer, le Sous-Secrétaire d'Etat eut un scrupule, la crainte tout de même de commettre un crime de lèse-tradition, et il demanda (d'urgence, toujours) l'avis d'une Commission recrutée dans le corps du Contrôle. *Trois mois* ont passé, pendant lesquels la Commission a délibéré, et c'est au bout de ce temps seulement que M. Chéron, à force d'instances et d'ordres répétés, a pu obtenir de rentrer enfin en possession de son projet, dûment étudié désormais et le présenter au Ministre !

D'une manière générale, dès qu'une affaire est soumise à des comités ou à des Commissions, c'est comme si elle était enterrée.

N'a-t-on pas reconnu que l'explosion du fort de Montfaucon n'eût pas eu lieu si, pendant sept mois, exactement d'octobre 1905 à mai 1906, les plans et devis des paratonnerres qu'on y devait installer ne s'étaient pas promenés, pour des raisons plus ou moins spécieuses, entre les comités de l'artillerie et du génie ?

Faut-il rappeler ici que, malgré la terrible leçon de Montfaucon, la même lenteur ou plutôt la même incurie risque maintenant de laisser se produire les mêmes catastrophes à Verdun ?

Il y a plus d'un an que l'une des poudrières de ce camp retranché, le plus important de notre frontière de l'Est, a été reconnue en danger par suite de l'absence de tout système protecteur contre la foudre. Il y a eu un rapport fait par le général commandant l'artillerie du 6ᵉ corps au général en chef, une étude par la section technique et le comité d'artillerie, un avis du comité du Génie, après étude de sa section technique, une consultation de la Commission de défense des places fortes… — et les paratonnerres proclamés indispensables ne sont pas encore posés au moment où j'écris !

Si un malheur arrivait, à nos protestations, à nos plaintes, on répondrait : « Ce n'est la faute de personne ! La question est à l'étude ! »

Avec les Comités et les Commissions, la question est toujours à l'étude : elle n'est jamais résolue à temps !

Il est vrai que lorsque les travaux se font, cela ne vaut quelquefois guère mieux. Témoin, cette batterie de Toul où les magasins à munitions ont été calculés et construits, de telle sorte que l'on n'y peut trouver de place que pour la moitié de l'approvisionnement réglemen-

faire! Le capitaine du génie chargé de cette partie de la construction avait commis une erreur, — lui ou plutôt le Comité, la section ou la Commission chargés de vérifier ses plans, — et le capitaine d'artillerie responsable de la défense ayant formulé à plusieurs reprises les observations et les réclamations que sa conscience de soldat lui dictait sans pouvoir obtenir satisfaction, a préféré renoncer à une tâche honorable et belle, que tant de négligences et de fautes le mettaient dans l'impossibilité de remplir : il a demandé son changement et s'en est allé servir la France au fond de l'Algérie.

Quand de pareils faits se produisent, on se demande en vérité, à quoi servent les Comités, Commissions, Sections, Inspections ou Directions !...

* * *

C'est là surtout ce qui humilie et décourage un grand nombre de nos officiers : c'est qu'ils se dévouent de leur mieux, qu'ils travaillent tant qu'ils peuvent, qu'ils cherchent à s'instruire de tout ce qui intéresse la défense générale du pays et principalement, cela va sans dire, de tout ce qui se rapporte au rôle qu'ils auront eux-mêmes à jouer, — et notre organisation militaire est comprise de telle sorte qu'il leur est impossible d'être associés entièrement à la préparation des moyens de combat dont ils auront cependant à se servir.

Un gouverneur de forteresse ne peut même pas se préparer utilement au rôle qu'il aura un jour à jouer, car voici comment le décret de 1891 sur le service dans les places de guerre définit et limite ses pouvoirs :

Art. 12. — Les gouverneurs désignés, lorsqu'ils résident dans les places dont ils doivent prendre le commandement en temps de guerre, n'ont d'autre autorité, en temps de paix, sur le personnel de la place, que celle que leur attribuent les fonctions de commandant de territoire ou de commandant d'armes, lorsqu'ils en sont investis.

Tous nos officiers, d'ailleurs, en sont là.

Ils sont isolés et comme emprisonnés dans leur spécialité. On ne fait rien pour leur donner sur le métier de la guerre, qui est pourtant leur métier, à la fois ces idées générales et ces leçons de choses dont notre enseignement primaire use maintenant pour les tout petits enfants.

Le général Pédoya, ancien commandant du 16e corps d'Armée, a pu écrire, l'an dernier :

A cette heure même, combien y a-t-il d'officiers qui connaissent les effets des obus à mélinite ? J'ai commandé une division et un corps d'armée ; j'ai assisté régulièrement aux écoles à feu de ma brigade d'artillerie et aussi aux écoles à feu des batteries de côtes, et ne n'ai jamais pu voir le tir des obus à mélinite. J'ai connu les résultats que l'on en obtient *par un journaliste*. Ce n'est donc pas un secret pour les journalistes, pour les membres du Parlement qui font partie de la Commission de l'Armée ou de la Commission du Budget ; ce n'est pas un secret pour l'Etranger même, mais c'est un secret d'Etat pour les généraux qui ont à les utiliser devant l'ennemi... »

Le secret ! Nous retrouvons là, en effet, cette manie de notre pays de croire qu'il y a encore des secrets ! Il y en a un, oui, et qui est bien gardé : c'est celui des dispositions prises pour que notre mobilisation soit toujours préparée dans les conditions nouvelles imposées par les transformations incessantes des forces en présence. En dehors de ce secret-là, qu'on le sache bien, il n'y en a pas d'autre ! Nos forts sont connus ; nos projectiles et nos canons sont connus, comme nous connaissons ceux de nos voisins. Il n'y a plus, en fait d'armements, chez les puissances européennes, que des cachotteries de Polichinelle. Mais chez nous, il y a encore des gens pour prendre ces grimaces au sérieux, et, — vous avez bien lu ce que dit le général Pédoya ! — on se cache même des généraux !

Si notre armée était vraiment « commandée », est-ce que les chefs qui sont destinés à la conduire un jour de bataille n'auraient pas été dressés en temps de paix à connaître toutes les ressources dont ils disposeront ? Est-ce qu'on n'exigerait pas d'eux qu'ils eussent passé par des épreuves répétées et décisives, avant de les juger en état de manier toutes les armes qu'on leur confiera ? Voyez-vous ce général en chef qui saura bien manœuvrer un régiment de ligne, parce qu'il sort de l'Infanterie, mais qui s'arrêtera ébahi devant l'entonnoir produit par un obus !

Et celui-là, du moins, l'avoue. Mais combien y en a-t-il d'autres qui n'osent pas le dire et qui en veulent même à l'indiscret d'avoir trop parlé ?...

Il en va de même pour nos postes de la frontière ou pour nos places fortes. C'est une duperie de se figurer qu'un homme qui n'a jamais été sur nos lignes avancées de l'Est ou des Alpes, puisse être, du jour au lendemain, en état d'y remplir convenablement son devoir. La connaissance du terrain est une des plus importantes conditions du succès, et ce qui est vrai pour la lutte en rase campagne l'est bien plus encore pour la défense d'un fort, d'un camp retranché ou d'une place de guerre. C'est à des officiers aussi jeunes que possible, vigoureux, intelligents et zélés que de telles besognes devraient être confiées dès le temps de paix. Peut-être alors n'aurions-nous pas la surprise et l'humiliation de voir un homme considérable, un général, devenu depuis lors membre du Conseil supérieur, écrire à l'un de ses camarades, au Ministère de la Guerre, pour protester contre sa nomination imminente au commandement d'une forteresse de premier ordre:

Voilà, mon cher ami, quel est mon sentiment bien franc : Veuillez m'épargner LA TUILE DE TOUL !... Je ne mérite pas cette PUNITION. »

L'habitude agréable d'une garnison comme Paris, le *farniente* doré des commissions, le train-train commode et profitable d'une existence qui n'a de militaire que le nom, — tout cela fait considérer comme une *tuile* la nomination à un poste d'honneur et de travail !

« Je ne mérite pas cette punition ! » s'écrie un grand chef désigné pour servir à la frontière ! — Et nous nous indignons lorsque de malheureux inconscients qui se croient des réformateurs et ne sont que des traîtres, pla-

cardent sur les murs des affiches antimilita-
ristes et antipatriotiques, lorsqu'ils conseillent
aux soldats de mettre la crosse en l'air et
prêchent par avance la grève générale pour le
jour de la mobilisation...

Mais le voilà le vrai théoricien de ce nouveau
parti ! Le voilà le vrai antimilitariste ! Ce n'est
pas le conscrit réfractaire : c'est le général qui
se défile. Ce n'est pas le pioupiou qui lève la
crosse : c'est le chef qui considère comme une
punition d'aller servir à l'avant-garde !

* * *

Dans un discours célèbre, qu'il prononça
peu de temps avant de mourir, notre grand
ennemi, le maréchal de Moltke, disait :

« La prochaine lutte sera une guerre dans laquelle
le haut commandement aura la plus grande part.
Nos campagnes et nos victoires ont instruit les
Français, qui, ont, comme nous, le nombre, l'armement et le courage. Notre force sera dans la Direction,
dans le Haut Commandement, en un mot, dans le
Grand État-Major. Cette force, la France peut nous
l'envier : elle ne la possède pas ! »

Ces paroles orgueilleuses étaient vraies
quand elles ont été prononcées. Je crois rendre

service au pays en lui disant qu'elles le sont malheureusement encore.

Nous venons de voir en effet de quelles difficultés de toutes sortes, de quelles erreurs, de quelles négligences peuvent être rendues responsables les incompétences méconnues qui sont groupées à l'administration centrale sous les titres de comités et de commissions permanentes ou temporaires ; j'ai précédemment montré comment se voient découragés et frustrés les officiers travailleurs au profit des officiers recommandés : nous allons rechercher maintenant si le ministre est en état de sévir contre les incorrections et les incapacités, — et si, en fait, il sévit.

Nous allons voir surtout comment on exécute ses ordres.

Ces ordres peuvent provenir de son initiative personnelle ;

Ils peuvent être provoqués par les résultats officiels d'une inspection ;

Ils peuvent enfin être dictés par les découvertes du contrôle.

Examinons d'abord le premier cas.

Le 21 décembre 1906, M. le général Picquart, ministre de la Guerre, adressait aux généraux commandants de corps d'armée la très belle circulaire que voici :

MINISTÈRE DE LA GUERRE

*Droit de réponse et de poursuite en matière
de presse.*

Je reçois fréquemment des demandes d'officiers ou de fonctionnaires militaires qui sollicitent l'autorisation de répondre à des journaux ou de poursuivre devant les tribunaux, les auteurs d'articles de presse jugés par eux diffamatoires ou calomnieux.

La loi du 29 juillet 1881 n'ayant apporté aucune restriction à l'exercice de ces droits, je ne saurais interdire ce que la loi autorise.

Il est à remarquer, même, que les droits dont il s'agit sont explicitement conférés aux articles 12 et 47 de ladite loi.

En faisant connaître aux officiers et fonctionnaires militaires qu'ils peuvent exercer le droit de réponse et le droit de poursuite, vous voudrez bien les prémunir contre le danger des polémiques. Je compte sur leur tact et sur leur correction pour concilier l'exercice de leurs droits avec la dignité de leurs fonctions et le respect de la discipline.

D'ailleurs tout abus du droit de réponse ou du droit de poursuite n'exposerait pas seulement les militaires qui les commettraient aux sanctions du droit commun, mais encore à l'action disciplinaire du Ministre, action qu'il entend se réserver en toutes circonstances dans l'intérêt général de l'armée.

Signé : PICQUART.

En transmettant cette circulaire aux divisionnaires sous ses ordres, un général commandant de corps d'armée la faisait suivre, le lendemain, du commentaire suivant :

[Copie conforme transmise pour notification et exécution à M. le gouverneur général commandant la subdivision de.......]

Aucune poursuite ne pourra être intentée, aucune réponse ne pourra être faite sans l'autorisation du général commandant le..... Corps.

X....., le 22 décembre 1906.

Le général commandant le... Corps
P. O. le Chef d'Etat-major
Signé : M....

Il n'y a pas d'atténuation possible : un tel commentaire des instructions libérales et généreuses données par le ministre constituait un acte scandaleux de désobéissance. Pis encore : le commandant du corps d'armée, en défendant à ses officiers d'admettre pour eux-mêmes le droit de réponse et de poursuite que le général Picquart leur reconnaissait en vertu d'un texte législatif, se mettait en révolte ouverte contre son chef et contre la loi. Il commettait à la fois une faute contre la discipline et un délit de droit commun : le délit d'intimidation.

Ce général, après un tel éclat, n'aurait pas dû demeurer vingt-quatre heures de plus à la tête de son corps d'armée.

Cependant, de longs mois se sont écoulés, avant qu'il se décidât à retirer enfin sa note incorrecte, et il fallut pour l'y obliger que le ministre lui en intimât l'ordre formel.

Il ne s'y résigna pas, d'ailleurs, sans proférer à mots à peine couverts les menaces les plus étranges contre un membre du Parlement qu'il pouvait légitimement soupçonner d'avoir signalé au Ministre l'inconvenance de son commentaire du 22 décembre. On admirera en effet l'inspiration de cette note de « rappel » adressée par lui au général Picquart :

... Je ne puis m'empêcher de vous rappeler que M. le député Humbert est capitaine de réserve et que, comme tel, vous l'avez convoqué à X... pour y accomplir prochainement une période d'instruction...

Le général coupable d'avoir bafoué les ordres de son Ministre ne pouvait dire plus clairement qu'il comptait faire supporter à son futur subordonné la peine de son indiscrétion. C'est ainsi que certains grands chefs se méprennent jusqu'au bout sur leurs droits. C'est ainsi qu'ils n'ont pas encore compris que la loi est au-dessus d'eux et qu'un représentant du peuple, fût-il capitaine ou même soldat de deuxième classe, lorsqu'il s'efforce d'assurer la subordination militaire à l'autorité ministérielle, est pleinement dans son droit.

Pour moi, j'aurais cru risquer une aventure inutile et exposer l'irascible général à une tentation trop forte pour sa vertu, en allant me ranger sous ses ordres. Je me suis fait pour une fois solliciteur ; j'ai demandé un sursis et je l'ai obtenu.

L'important, en somme, c'est qu'il ait été obligé de se soumettre à l'ordre ministériel ; mais comment, pendant qu'il résistait encore, ses soldats ont-ils dû qualifier l'acte d'un général à plume blanche assez audacieux pour proclamer publiquement qu'il se moquait pas mal de ce que voulait ou ne voulait pas le Gouvernement de la République ?

Comment voulez-vous qu'ils ne se soient pas demandé ce qu'il serait advenu si l'un d'entre eux s'était ainsi permis de prendre le contrepied des instructions données par ses chefs ?

Comment voulez-vous qu'un colonel, un commandant, un capitaine, un lieutenant, un sous-officier ou un homme de troupe ne se dise pas que, s'il en avait fait autant, lui, — et même beaucoup moins, — on lui aurait aussitôt appliqué toutes les rigueurs du règlement et du code ?

Et comment enfin cette réflexion si simple ne viendrait-elle pas à leur esprit et au nôtre : « Les petits, les humbles qui commettent une faute, on les fait passer en conseil d'enquête ou en conseil de guerre ; les gros, qui devraient donner l'exemple, on les fait passer... au Conseil supérieur ! »

Je me borne quant à moi, pour le moment, à conclure d'un tel incident que le ministre de la Guerre n'est pas obéi par ses généraux, quand, usant de sa prérogative, il leur ordonne d'appliquer autour d'eux la loi.

Par une consolante rencontre, je puis heureusement opposer à l'acte révoltant d'indiscipline que je viens de rapporter, une circonstance où un autre grand chef, n'ayant pas compris la pensée du ministre en ce qui concerne la réponse à faire aux attaques de la presse, reçut d'un de ses subordonnés une verte et spirituelle leçon.

Le général commandant d'un autre corps d'armée lut un jour, dans un journal socialiste révolutionnaire, le *Petit X...*, un article où se trouvait insérée et commentée une lettre écrite par un simple soldat à ses parents. Cette lettre racontait un fait d'ordre militaire. En même temps, il recevait une lettre anonyme où le même fait était visé.

Ennuyé, un peu inquiet et pensant qu'il y avait peut-être là le début d'une fâcheuse campagne contre laquelle il convenait de se prémunir, — car les articles de journaux, cela cause toujours un tas d'histoires ! — il écrivit aussitôt à un de ses divisionnaires de faire une enquête et lui envoya le journal et la lettre.

Le général de division est un bon soldat, fidèle à son devoir, passionné pour son métier et qui n'a pas encore compris, probablement, toutes les beautés ni toutes les sujétions de la politique.

Il retourna bien soigneusement les pièces au général en chef, avec ce court billet en deux lignes :

1º Je ne lis pas le *Petit X...*
2º Je méprise les lettres anonymes.

Signé : .....

L'affaire en demeura là, grâce à l'intelligente réserve d'un général en sous-ordre qui, lui, ne cherchait point sa ligne de conduite dans les journaux révolutionnaires, — et qui osait le dire ! — qui ne cherchait pas non plus ses renseignements dans les lettres anonymes — et qui osait l'avouer !

Il y a encore de braves gens parmi les chefs de l'armée !

* * *

Voyons maintenant à quoi servent les résultats officiels des inspections :

Au cours de récentes manœuvres, un général inspecteur fut péniblement affecté de voir, tout le long du chemin qu'il suivait, des soldats débandés en grand nombre, des traînards aux vêtements en désordre, aux traits tirés par la fatigue. Ils appartenaient tous à la même division d'infanterie, et semblaient avoir cruellement souffert. D'ailleurs, c'étaient visiblement des hommes peu entraînés et qu'une trop longue marche avait épuisés. Le chef s'informa auprès de quelques gradés ; il rapprocha les réponses qu'il reçut des ordres qui avaient été donnés, et reconnut que ces hommes avaient fait, par la volonté ou par l'erreur de leur général de division, 21 kilomètres de plus qu'ils n'auraient dû !

Suffoqué d'une pareille découverte, il prit au galop le chemin du cantonnement de l'état-major et se fit indiquer la demeure du divisionnaire, où il descendit de cheval vers la fin de la journée, après avoir dépassé dans sa course d'interminables files de retardataires, criant leur colère et leur faim.

Quelles ne furent pas sa surprise et son indignation en pénétrant dans la maison, de trouver leur chef paisiblement étendu sur son lit et dormant à poings fermés !

L'inspecteur d'armée fit, comme c'était son devoir, au Ministre, un rapport fidèle de ce qu'il avait vu. Il ne manqua pas de souligner l'incroyable négligence d'un officier qui condamne douze mille hommes, brisés par une journée de manœuvres, à une marche supplémentaire de plus de 5 lieues et qui va se coucher, lui, tandis que ses troupes se désunissent et s'émiettent le long des chemins. Il demanda la mise en disponibilité de ce détestable chef.

Il ne l'obtint pas : le général de division avait des protecteurs !

Tout ce que l'inspecteur put arracher par son insistance et par la menace même de sa démission, à la timidité ministérielle, c'est que l'on ne donnerait pas un corps d'armée à un homme qui conduisait de la sorte une division.

Je répète ma question :

Sommes-nous commandés ?

Sommes-nous même inspectés, le plus souvent ? Pas davantage. A de rares exceptions près, parmi lesquelles figure le cas honorable que je viens de citer, les inspections sont ordinairement l'occasion d'un véritable bluff. On

compte les inspecteurs qui voient véritablement
les troupes à moins de vingt kilomètres de leurs
quartiers. On compte ceux qui ne considèrent
pas comme une simple formalité sans aucune
importance la vérification de l'état de préparation
à la guerre des soldats et des officiers qu'ils
auront cependant un jour sous leurs ordres.

On compte ceux qui s'appliquent à examiner
si le casernement, le cantonnement ou le campement sont ce qu'ils doivent être ; si les lois
de l'hygiène sont partout observées ; si la nourriture est suffisante et bonne ; si les relations
des officiers et de la troupe sont empreintes de
sollicitude et de bienveillance d'une part, et
si, d'autre part, elles laissent intacte la discipline ; si enfin nos soldats sont progressivement entraînés à la fatigue et familiarisés avec
toutes les éventualités d'une campagne.

Oui, cela est douloureux à dire ; mais il faut
le dire : Là, comme partout, fleurit l'exécrable
système qui empoisonne tous nos efforts, qui
rend vains tous nos sacrifices et qui peut nous
faire craindre, un jour, les pires désillusions.

Il se résume en une formule bien connue et
qui semble être devenue, du haut en bas de la
hiérarchie, le mot d'ordre de toute l'armée
française : « Pas d'histoires » !

L'optimisme volontaire et aveugle a été, depuis vingt-cinq ans, la caractéristique du pays, en ce qui concerne la Défense Nationale.

Il fallait s'incliner respectueusement devant la façade des choses, les yeux fermés, de peur de voir une tache, et cela s'appelait patriotisme.

Eh bien, non! La vérité, il est nécessaire de la dire, et d'ailleurs il serait inutile d'essayer plus longtemps de la dissimuler, car le peuple commence à la connaître, en dépit de tout le monde. Ce n'est pas impunément que des millions d'hommes passent sans cesse et repassent sous les drapeaux. Ils ont des yeux, ils sont intelligents, ils voient et ils comprennent. Soldats de trois ans, puis de deux, réservistes, territoriaux, ils commencent à se rendre compte de ce qu'est devenue cette armée à laquelle ils donnent leur temps, leur dévouement et dont ils n'attendent en retour qu'un peu d'espoir ! Gardons-nous de les désabuser tout à fait! Gardons-nous de les détacher d'elle!...

* * *

Je dois parler du Contrôle, enfin, et de l'aide que ce corps d'élite pourrait apporter, au point de vue de l'administration de l'armée (si intimement liée au commandement !) à un ministre qui voudrait savoir et qui saurait agir.

Le Contrôle sert quelquefois, en effet, à découvrir de singulières histoires ; mais quand il se permet de les signaler à qui de droit, on exige qu'il garde sur elles le silence et qu'il les efface même de sa mémoire. En voici une que je veux sauver de l'oubli :

Sous l'ancienne monarchie, l'armée avait des passe-volants, des hommes de paille que les capitaines faisaient défiler avec leur Compagnie, un jour de revue, afin qu'elle semblât plus nombreuse et pour en retirer profit quand la solde serait payée ; l'armée a maintenant des chameaux de paille, dans le même but.

Il arrive, en effet, que dans le sud de l'Algérie le commandement exprime le désir de posséder et d'entretenir un troupeau de chameaux pour l'organisation des convois de ravitaillement des postes et surtout afin d'être toujours paré en vue des éventualités de guerre.

On lui accorde, je suppose, l'entretien de 500 chameaux pour une région déterminée, — et on les lui paye.

Cela coûte à l'État environ trois francs par jour et par tête d'animal figurant sur les états d'effectifs : au total 45,000 francs par mois.

Mais ces chameaux existent-ils ailleurs que

sur le papier ? Si un contrôleur voulait les voir, on lui en montrerait peut-être une demi-douzaine, que l'on emploie en effet pour les transports courants. Quant à la grande masse de l'effectif, quant au « troupeau », on répondrait qu'il est au pâturage à quelque cinquante kilomètres de là.

Si d'aventure le contrôleur voulait se rendre au pâturage, les chameaux, subitement, en seraient partis pour aller un peu plus loin ; ou bien, on lui montrerait le troupeau d'une tribu quelconque dont le chef lui affirmerait, — par ordre — que ce sont bien les bêtes du convoi.

En réalité, il n'y a pas de chameaux du tout.

On reçoit avec déférence les 540,000 francs que l'État verse annuellement pour leur entretien, et cela constitue le fonds d'une caisse occulte dont le commandement dispose à sa fantaisie, en dehors de toute comptabilité officielle, soit pour des constructions ou installations de toute sorte, soit pour des gratifications, soit pour toute autre chose. Ce sont de véritables fonds secrets.

Si l'on avait par hasard, un jour, réellement besoin d'un convoi, on réquisitionnerait des chameaux dans les tribus qui en ont de resté, et, en admettant que la réquisition fût régulièrement payée, c'est la seule circonstance où l'argent du budget atteindrait sa destination.

Cet abus si grave et si injustifiable a été découvert par différents contrôleurs. Il a été interrompu plusieurs fois. Il s'est toujours renouvelé. Dernièrement encore, il a pris les plus vastes proportions et comme on n'a pu le cacher tout à fait, il en est résulté quelque bruit.

Je n'étonnerai personne en ajoutant qu'un pareil scandale, quand on le découvre, nuit toujours... aux gens qui se permettent de le signaler.

Quant aux autres, quant à ceux qui ont commis la faute et qui sont toujours prêts à la commettre encore, ils demeurent tout à fait indemnes. Ce sont des personnages importants ; ce sont des chefs ; ils ont aussi des amis, des protecteurs, peut-être des obligés, en bon lieu ! On ferme obstinément sur leurs torts des yeux que l'on ouvrirait tout grands sur les peccadilles des petits. Bien plus, on les récompense !...

Sur le compte des puissants, il ne fait pas bon être trop clairvoyant !

C'est que nous nous étions fait beaucoup

d'illusions, en 1882, lorsque furent installés
les contrôleurs de l'armée. Nous avions pensé
qu'on allait avoir, pour servir les intérêts de
l'administration de la guerre, des fonctionnaires indépendants, ne relevant absolument
que du Ministre, pouvant, en son nom, tout
voir et libres de lui rapporter tout ce qu'ils
auraient vu. Des services qui jusqu'alors en
prenaient à leur aise allaient être remis au
pas ; des virements, des malversations invété-
rées allaient prendre fin. Le secrétaire d'Etat
enfin pourrait mettre un terme à de folles dépenses...

Quel rêve ! Comme si un ministre de la
Guerre avait le droit d'être maître chez soi
où tant de personnes signent couramment :
« Pour le Ministre et par son ordre » !

Les directions de la rue Saint-Dominique
eurent un trait de génie. Afin de contrebalan-
cer l'influence de ces nouveaux venus qui
avaient la prétention de tout vérifier, de tout
éplucher et de tout épurer, elles imaginèrent
de les discipliner en les groupant sous l'autorité d'une Direction nouvelle, faite à leur propre image (1). On organisa la Direction du Contrôle, qui, elle aussi, désormais, employa la

____

(1) Certaines Directions ont de bonnes raisons pour re-
gretter aujourd'hui cette erreur.

formule et la signature fatidiques : « Pour le Ministre et par son ordre ».

Le tour était joué ! Il y eut un Directeur sédentaire pour avertir les contrôleurs mobiles placés sous ses ordres de ce qu'ils devaient ne pas voir et ne pas dire, pour étouffer ou tout au moins pour adoucir, au retour, les rapports des voyageurs qui n'auraient pas compris la consigne, et pour retarder enfin, en manière de leçon, l'avancement des entêtés qui s'obstineraient à bavarder à tort et à travers.

Ces fonctionnaires ont fini par se le tenir pour dit, et nous les voyons maintenant diriger leurs investigations, faute d'oser faire mieux, vers des sujets où les véritables intérêts de l'armée n'ont rien à voir.

Elle est caractéristique, à ce point de vue, l'aventure encore assez récente d'un chef de corps qui voit le contrôleur s'absorber devant lui, un jour de vérification, dans la contemplation de la feuille relative aux effets d'habillement, et se perdre en de profonds calculs. Le contrôleur relève enfin la tête et dit à l'officier supérieur :

— Je constate que, chez vous, on use 1 paire et 58 centièmes de brodequins par homme et par an, alors que dans toutes les autres unités du corps d'armée, on n'en use qu'une paire. Comment cela se fait-il ?

A quoi l'officier interpellé, qui commande un régiment en région montagneuse, sur la frontière, et qui est un chef actif, vaillant et de libre propos, répondit simplement :

— M. le contrôleur, êtes-vous ici pour me reprocher le trop grand nombre de marches et d'exercices que j'impose à mes hommes, ou simplement pour vérifier si j'applique les lois et règlements sur la comptabilité militaire ?

Le fonctionnaire n'insista pas. C'était après tout un homme bien intentionné, mais que l'on empêchait de regarder aux choses sérieuses, et ce n'est pas tout à fait sa faute, à lui, si un trop grand nombre de capitaines ou de colonels en sont arrivés à ne plus faire marcher leurs fantassins autant qu'il le faudrait, par crainte d'user trop vite leurs semelles, ou à ne point faire sauter leurs cavaliers autant que l'exigeraient les règles de l'équitation, afin de ne pas détériorer leur fond de culotte !

Pensez-vous, en effet, qu'il y ait une sanction contre un chef qui présente aux généraux, soit à une inspection, soit aux manœuvres, une unité mal instruite ? Nullement ; c'est tout juste si on ne lui fait pas de compliments ; et la valeur militaire de l'unité, c'est-à-dire la valeur réelle de celui que la commande, n'entre jamais en ligne de compte pour l'avancement de celui-ci

Cela change, par exemple, s'il s'agit d'administration ! Lorsqu'un fonctionnaire de l'intendance ou du contrôle découvre, ou croit découvrir, une erreur dans la comptabilité ; lorsqu'une pièce périodique n'est pas envoyée à l'heure indiquée, lorsqu'une des prescriptions des dix mille pages du *Bulletin officiel* est momentanément oubliée, oh ! alors, toutes les foudres de l'autorité s'abattent sur la tête des chefs. Les blâmes ministériels sont distribués avec profusion et impartialité, d'ailleurs, car au passage chacun en prend pour son grade, suivant une formule connue.

Tous les chefs d'état-major des corps d'armée peuvent affirmer que, sur dix blâmes ou rappels à l'ordre adressés aux chefs de corps, il y en a sept qui émanent des directions du contrôle et de l'intendance ; les trois autres ont généralement trait aussi à des questions administratives ou paperassières. Cela suffit, je pense, pour juger le système à sa valeur.

A qui la faute, dira-t-on ? Hélas ! il faut bien avouer que nous-mêmes, députés ou sénateurs, avons bien contribué pour notre part à cet état de choses. On a prêté beaucoup trop d'attention devant les commissions de l'armée et du budget, aux propositions de la Direction du Contrôle chargée soi-disant des intérêts financiers, et pas assez aux observations des officiers compétents et de bonne foi (on en trouve beaucoup), qui auraient pu nous mettre en garde contre les abus administratifs. Ils nous auraient dit, ceux-ci, que les colonels et les capitaines sont mis par ces abus dans l'impossibilité de remplir leur mission d'instructeurs et d'éducateurs, et ce sont eux qui me demandent de pousser le cri d'alarme qui pourra peut-être sauver l'armée de sa perte.

Naturellement, la direction du Contrôle, dans son propre intérêt, finit toujours, au bout de quelque temps, par mettre au jour les rapports courageux qu'elle reçoit encore quelquefois et qu'elle a commencé par écarter. Elle ne le fait pas sans choisir avec soin l'occasion, ni sans s'être assurée qu'aucune des directions-sœurs n'en pourra souffrir. Elle parle haut et ferme, quand cela ne peut plus nuire à personne ni servir à rien, et généralement elle en est récompensée, alors, comme d'un vrai service rendu au pays.... dans la personne de son chef ou de ses membres les plus circonspects.

Le plus souvent, elle borne son action auprès

du Ministre à régler comme il lui convient la répartition des fonds du budget, sans tenir aucun compte des volontés du Parlement et de façon à passer aux yeux du chef suprême de l'armée pour la Providence occulte à qui l'on n'a jamais recours en vain dans un cas embarrassant. Cela fonde son autorité et justifie toutes ses ambitions.

Ainsi, quand elle apprend qu'un haut officier de l'Etat-major général voudrait voir majorer d'une somme de 12,000 francs sa solde réglementaire, afin de la voir porter à 30,000 fr. par an et que le Ministre y consentirait s'il y avait des fonds, elle « réserve » pour cet objet la somme nécessaire sur le crédit voté par les Chambres au chapitre XXVI du budget, article 3, sous la rubrique : *Missions à l'étranger et Statistiques étrangères...* Elle rédige une note en ce sens et voilà, de par une Direction du Contrôle, chargée d'assurer la correction administrative de l'armée, l'argent de la Défense nationale, celui qui est destiné à nous renseigner sur les progrès de nos rivaux, tombé dans la poche d'un haut fonctionnaire de la rue Saint-Dominique ! Mais si, d'aventure, un général en chef demande une mission pour un de ses officiers, on lui répond : Les crédits sont épuisés !...

Une autre fois, un contrôleur découvre de graves malversations commises par le chef d'un régiment. Mais ce colonel a des amis à la Direction du Contrôle : on étouffe donc le rapport et, lorsque le Ministre, avisé quand même réclame les documents de l'affaire, on lui répond qu'ils ont été transmis à la Direction de « Tel Service », où ils demeurent introuvables.

Mais si vous voulez surprendre la vraie physionomie de la Direction du Contrôle et mesurer le mal que peut faire, à l'occasion, une autorité administrative que l'on a laissée dévier de sa légitime destination, je vous invite à entrer un moment avec moi par la pensée dans ce cabinet du ministre de la Guerre où l'on se figure que se décident les destinées de l'armée.

Les circonstances sont graves ; un conflit extérieur vient de s'élever à l'improviste, qui peut donner naissance à un *casus belli ;* tout le monde en parle ; tout le monde l'attend, et l'on prend en hâte les dispositions nécessaires pour parer aux premiers dangers.

L'État-major de l'armée vient de décider d'augmenter sans retard les batteries de couverture. Cette augmentation comporte l'envoi immédiat de 400 chevaux. Le ministre signe l'ordre d'achat et cet ordre est exécuté.

La Direction du Contrôle, cependant, n'a

pas été prévenue ! Quand il s'agit d'aller vite et de boucher, avec des hommes et du canon, les trous de la frontière ; quand on peut se dire que les heures qui passent si vite sont peut-être les dernières que l'on ait devant soi pour prendre des mesures de salut, on se concerte, on décide, on agit ; on ne compte pas.

Oui ! mais la Direction du Contrôle veut que l'on compte au moins avec elle. Ce qu'elle voit de plus clair, en somme, dans ce tumulte émouvant qui vient d'envahir le Ministère tout entier, c'est qu'on ne pense pas à elle, qu'on ne la consulte pas, c'est qu'on se passe d'elle.

Et cela lui semble inadmissible, intolérable.

Et alors, voici ce qu'elle fait :

Le Ministre, sans la prévenir, vient d'augmenter de 400 chevaux l'effectif des attelages d'artillerie ? — Elle, sans prévenir le Ministre, elle ordonne (« pour le ministre et par son ordre ! ») de réduire du même chiffre le nombre des jeunes chevaux annuellement destinés aux régiments de l'arme.

Ce qui équivaut à dire que l'effectif total des chevaux n'aura pas été augmenté d'une seule unité, malgré la volonté du chef qui se considère comme le maître !...

Je crois savoir que cet ordre n'a pas été révoqué par la suite.

Son auteur non plus ! Bien au contraire, il a, selon la coutume, obtenu une nouvelle distinction.

On m'accordera bien, pourtant, que, dans les circonstances difficiles où brusquement le pays se trouvait jeté, ce n'est pas d'une question d'argent qu'il s'agissait. On m'accordera qu'une direction de Contrôle n'avait rien à voir en des préparatifs de défense que le patriotisme commandait et que devait seule déterminer l'autorité de l'Etat-major général et du ministre.

Au surplus, tout le monde a fait son devoir, alors, et le Gouvernement a eu raison d'engager sans hésitations les plus larges dépenses, car il ne pouvait douter un seul instant que le Parlement les légitimerait après coup.

Et cependant il s'est trouvé, en cette heure tragique, un fonctionnaire administratif de l'armée pour subordonner l'intérêt général au souci de sa dignité personnelle et pour faire, par dépit, une *niche* à la Défense nationale !

Voilà comment le Contrôle aide le Commandement !

* * *

Et comment vient-il en aide au Parlement, qui, lui aussi, sans doute, a bien le droit d'avoir une part d'influence dans la direction de nos affaires militaires ?

C'est bien simple : au lieu de faciliter la tâche des représentants du pays ; au lieu de déblayer le terrain de toutes les routines et d'activer le progrès, le Contrôle, détourné de ce qui est sa vraie tâche, obscurcit à plaisir toutes les questions, dissimule les besoins réels de l'armée, tels que les formulent les différentes directions ministérielles, et nuit gravement à la bonne entente et au travail commun des Chambres et du Ministre.

Depuis que l'on a installé rue Saint-Dominique un Directeur du Contrôle (comme si le véritable et unique chef d'un pareil service ne devait pas être le ministre lui-même !), c'est ce personnage qui s'est arrogé le droit de préparer le budget de la guerre, de le coordonner en remaniant à son gré les demandes les plus précises et les mieux justifiées des autres directions et d'imposer son intermédiaire pour tout ce qui concerne les relations entre les députés et le secrétaire d'Etat.

Comment une aussi étrange prétention a-t-elle pu s'affirmer et se satisfaire ? De la manière suivante :

Un jour, à la suite de quelques négligences commises par un haut fonctionnaire de la

Comptabilité générale, une fusion fut réalisée entre son service et celui du Contrôle. Ce dernier trouva, parmi les organes qui lui étaient ainsi annexés, « le bureau des budgets » simple bureau d'ordre et de centralisation. Il s'en empara, le développa et parvint à en faire ce que nous voyons aujourd'hui.

Sous prétexte d'épargner des difficultés au Ministre et à certains rapporteurs du budget, le Directeur du Contrôle s'offre à travailler avec ces derniers ; il se met à leur disposition, il leur transmet, *en les modifiant à sa guise* et en les faussant de la manière la plus éhontée, ainsi que je puis le prouver, les réponses des différents services ; il offre des arrangements de son cru, permettant au représentant de la Chambre de faire état dans son rapport d'économies plus apparentes que réelles. Les besoins des autres directions comptent fort peu pour lui : ce qu'il recherche avant tout, c'est la possibilité de se ménager sur certains chapitres des crédits excédant les besoins, ce qui lui permettra d'offrir au Ministre, au courant de l'exercice, le moyen d'effectuer des dépenses non autorisées par le Parlement.

Il va même quelquefois un peu trop loin, emporté par son zèle et par le désir d'être agréable à quelque directeur voisin. C'est ainsi que, tout récemment, l'artillerie ayant envie d'appliquer à sa fantaisie un reliquat d'un million et demi de francs, laissé disponible sur un chapitre, le Contrôle osa proposer le virement dans un document officiel soumis à la signature du chef de l'armée, mais non ratifié par lui.

Grâce à tous ces procédés, M. le Directeur du Contrôle sera pour tous le vrai maître de la maison, l'homme indispensable qu'il faut combler de récompenses pour tant d'intelligents services...

Quelquefois, il arrive qu'un député tienne à ce personnage le langage suivant :

— Je n'ai pas besoin que vous m'aidiez à bâtir mon rapport ni que vous m'indiquiez les économies à votre avis réalisables et celles qui ne le sont pas. J'ai la prétention de connaître l'armée aussi bien que vous et de connaître beaucoup mieux les besoins des troupes ainsi que l'état de nos places fortes, parce que je fréquente nos régiments et que je me suis donné la peine de visiter la frontière.

« Je ne suis pas, moi, un fonctionnaire indifférent aux souffrances du soldat et je rougis de voir des troupiers français en 1907, casernés encore, sur la frontière, dans d'ignobles baraquements construits *provisoirement*, en

1871-1872, pour cantonner les troupes allemandes d'occupation ! Quand je vois ces locaux infects que l'on aurait dû depuis trente-
cinq ans détruire et remplacer par de plus
saines constructions, empoisonner encore notre jeunesse armée de leurs miasmes trente-
naires, je propose au ministre de la Guerre de
dépenser tout de suite ce qu'il faut pour une
telle œuvre d'assainissement ! »

Alors, en entendant ce langage, d'une naï-
veté surprenante, en effet, M. le Directeur du
contrôle, qui n'a jamais quitté son bureau et
pour qui la guerre ne se fait pas sur la frontière, mais dans les couloirs de la rue Saint-
Dominique, — M. le Directeur déclare qu'il
n'est pas besoin de faire de telles dépenses et
conseille au ministre de les refuser.

Quand on offre de l'argent pour la télégraphie militaire, M. le Directeur n'en veut pas.

Quand on demande un crédit pour qu'il y
ait un hôpital militaire dans un camp retranché de 16,000 hommes, M. le Directeur ne veut
pas.

Quand on demande ce qu'il faut pour ache-
ver nos forts de l'Est, pour mettre en état
leurs batteries et leurs casemates, leurs caponnières et leurs tourelles, les directeurs de
l'artillerie et du génie sont heureux — unis

pour la première fois de leur vie dans un même sentiment — ; mais M. le Directeur du Contrôle ne veut pas.

Quand on demande les subsides nécessaires pour que la France puisse enfin posséder, l'année qui vient, autant de mitrailleuses que l'Allemagne, l'Angleterre, l'Autriche, le Japon, la Russie, le Danemark et la Suisse, M. le Directeur du Contrôle ne veut pas.

Quand on demande quelques milliers de francs pour que les pauvres petits soldats de la mobilisation, qui seront transportés dans des wagons à bestiaux, aient des bancs de bois pour s'y asseoir et n'arrivent pas éreintés au rassemblement, M. le Directeur, qui a sans doute un bon rond de cuir, lui, et qui ne se mobilise qu'à huis clos, M. le Directeur ne veut pas.

Et ainsi de suite, pour toutes les questions qui se posent, pour tous les progrès qui s'ébauchent, pour tous les changements que l'on projette : M. le Directeur n'en veut pas.

On lui démontre que ces dépenses nouvelles et indispensables à inscrire au budget sont compensées, et au delà par des économies réalisées d'autre part ; il ne veut rien entendre. Il ne veut rien changer. Il ne veut rien de ce qui pourrait troubler sa quiétude et l'harmonie de ses comptes établis.

Et le ministre, hélas ! cède le plus souvent, sans se douter qu'il a toute l'autorité, qu'il a toute la force et qu'il lui suffirait de dire un mot, de faire un geste, s'il le voulait bien, pour voir aussitôt rentrer dans sa coquille son encombrant, incompétent et compromettant directeur !

* * *

Après tout ce que je viens de raconter, me reprochera-t-on de conclure qu'il est temps de porter vigoureusement la hache dans le vieil arbre où tant de branches décrépites nuisent aux branches vigoureuses et jeunes, qui ne demandent qu'à pousser ?

Dans l'énorme mécanisme qu'est une armée moderne, tout rouage inerte fait résistance à l'action des rouages qui travaillent : donc la dissolution s'impose de la plupart des cent et quelques petits parlements qui, sous le nom de comités ou de commissions, siègent plus ou moins assidûment rue Saint-Dominique !

Nous avons des généraux pour qu'ils travaillent à notre défense, tant qu'ils sont valides et en état de combattre et de commander : donc la mise en disponibilité doit être

prononcée pour ceux qui n'ont plus la vigueur d'autrefois et qui sont hors d'état de faire campagne.

Toutes les ressources du budget, tous les millions patriotiquement votés par les élus de la nation doivent être employés pour l'entretien, l'armement, l'instruction, l'entraînement et le bien-être des soldats et de leurs chefs : donc nous devons rayer de la liste de nos dépenses toutes celles qui ne se justifient que par des concours de camaraderie et qui ne servent qu'à créer de grasses sinécures.

La France paie assez cher, chaque année, pour avoir, avec les meilleures armes offensives, les moyens de défense les plus parfaits ; mais elle montre aussi, une sollicitude assez profonde et une assez noble confiance pour posséder des officiers qui travaillent et se dévouent, de bas en haut de la hiérarchie, et qui redeviennent les meilleurs de l'Europe, comme nos soldats sont demeurés les premiers du monde. Donc il faut que l'avancement soit réglé dans notre armée par le mérite et que la faveur n'y ait plus aucune part.

Certains de nos grands chefs s'obstinent à n'en faire qu'à leur tête, soit par esprit d'opposition, soit par incapacité, soit parce que, vieillis et fatigués, ils ne pourraient donner l'effort qu'on leur demande : il faut que le ministre ose les frapper avec une sévérité exemplaire ou les renvoyer dans leurs foyers avec une courtoise fermeté, mais enfin qu'il délivre d'eux notre armée.

La manie administrative a envahi nos états-majors et tous nos régiments, si bien que les officiers qui devraient songer avant tout à l'instruction militaire des hommes (le colonel et le capitaine notamment) sont accablés sous une besogne de plumitif qui leur prend tout leur temps : il faut de toute nécessité que nous revenions, sur ce point, au bon sens et à l'utilité pratique. Les règlements militaires indiquent tous que la préparation du soldat à la guerre est le but que doivent exclusivement poursuivre les chefs. Ce devrait être là une vérité de La Palice; pourtant il y a des gens qui s'appliquent de plus en plus à faire de l'armée un vaste bureau de comptabilité, une école de statistique, une classe de calligraphie, un cours de magasinage, etc., et ce dont nos officiers ont le plus à s'inquiéter, depuis quelques années, c'est d'avoir des livres bien tenus et des comptes en ordre, non pas des soldats entraînés, robustes et contents. Quand nos fantassins, à la manœuvre, doivent se coucher sur le sol pour se défiler du feu de l'ennemi, leur capitaine abrège l'exercice et les ramène bien vite au quartier, tant il craint les reproches qui l'attendent s'il laisse user trop vite les vêtements de sa compagnie !...

On est en train de nous faire une armée d'employés en manches de lustrine.

Il faut que cela cesse et que l'on nous fasse une armée de soldats, tout simplement.

C'est le rêve ardent de tous les officiers jeunes et instruits, et c'est aussi ce que l'instinct des hommes de troupe les porte à désirer.

Mais ce que les uns et les autres sont en droit d'attendre encore de nous, c'est que nous leur donnions les chances les meilleures et que, avant de les envoyer à la bataille, nous leur assurions loyalement l'égalité des armes avec l'ennemi qu'ils auront devant eux.

Nous allons voir si cette condition est remplie. Nous allons voir comment la France est défendue !

III

LES MÉFAITS D'UNE DIRECTION

La question des mitrailleuses

Dès les premiers jours de la guerre franco-allemande, au mois d'août 1870, l'opinion publique fut vivement émue à la lecture d'une dépêche adressée par l'empereur Napoléon III à l'impératrice régente. Le visionnaire couronné qui conduisait la France aux abîmes avait toujours compté, en effet, (et ses aveugles admirateurs allaient répétant sans cesse) que, dès le début des hostilités, la supériorité de notre armement, surtout au point de vue de l'artillerie, nous assurerait un avantage marqué. Aussi le souverain ne trouvait-il rien de mieux, pour expliquer et faire excuser ses premiers échecs, — préludes, hélas ! de plus grands désastres, — que cette phrase, pleine d'une déception sinistrement comique :

... Mais les Allemands, eux aussi, avaient

*des mitrailleuses, qui nous ont fait beaucoup
de mal!...*

La vérité est, que le grand état-major prussien, sachant que nos régiments possédaient quelques batteries du canon à balles inventé par le colonel de Reffye, avait fait en toute hâte l'acquisition de mitrailleuses Gatling, beaucoup moins bonnes que les nôtres, mais dont le crépitement inattendu et significatif, lors des premiers engagements, était venu troubler la quiétude impériale.

Trente-sept ans ont passé depuis lors, et les Allemands ont plus que jamais des mitrailleuses, qui sont, cela va sans dire, beaucoup meilleures que celles de 1870. Toutes leurs formations de couverture en sont pourvues, sur la frontière française et sur la frontière russe, tous leurs corps d'armée en possèdent, ainsi que toutes leurs places fortes, qui en regorgent littéralement.

Les événements de guerre qui se sont produits depuis nos épreuves ont démontré, en effet, la nécessité pour une armée moderne de posséder de tels engins, dont nous détaillerons tout à l'heure les qualités multiples en passant en revue les résultats officiels des expériences faites en France et ailleurs au cours des dix dernières années.

Pour quiconque suit avec un peu d'attention les opérations militaires, ces résultats n'étaient d'ailleurs pas douteux.

C'est avec des mitrailleuses Maxim que Stanley a balayé des masses énormes d'indigènes hostiles, dans sa marche cruelle à travers l'Afrique mystérieuse.

C'est avec des mitrailleuses Maxim que l'armée de lord Roberts a fini par avoir raison du tir admirable des Boërs et de leur résistance héroïque, si longtemps victorieuse.

C'est avec des mitrailleuses Maxim que le sirdar Kitchener a brisé l'élan formidable des hordes mahdistes et vengé Gordon à Omdurman.

C'est avec la mitrailleuse Maxim que les Russes, à Port-Arthur, ont repoussé, en leur infligeant des pertes terribles, les plus violentes attaques des Japonais, et c'est avec des mitrailleuses Hotchkiss, montées sur trépied ou sur roues, que les Japonais ont réussi, au Sha-Ho, à Liao-Yang et à Moukden, à protéger successivement contre tout retour offensif, les positions que leur fougue et leur mépris de la mort arrachaient une à une à la bravoure des Russes.

Nous-mêmes, c'est avec deux mitrailleuses Hotchkiss, confiées à une poignée de marsouins,

que nous avons dispersé, il y a quelques semaines à Tidjikja, dans l'Adrar, une nuée de
Maures fanatisés, assaillant une position ouverte (1).

Donc, la preuve est faite, et plutôt dix fois
qu'une, de l'efficacité d'une telle arme. Tout le
monde en est si bien convaincu, que ce n'est
pas seulement l'Allemagne, la Russie, l'Angleterre et le Japon qui en possèdent (ce dernier
en comptait exactement 1,500 en service à la
fin de la dernière guerre) : c'est aussi l'Au-
triche-Hongrie, l'Italie, les Etats-Unis, l'Espagne, le Danemark et la Suisse !...

Quant à la France qui avait eu l'initiative de
cette innovation militaire, elle en est encore
aujourd'hui à choisir le modèle qu'elle adoptera
définitivement. Suivant le cliché connu, c'est
une question « à l'étude ». Les directions d'artillerie et d'infanterie ne sont point d'accord ;
les comités se disputent, les commissions se
jouent des niches mutuelles : on hésite entre
les ateliers de Puteaux et l'industrie privée
pour fabriquer les pièces ; on essaie de composer un type irréprochable en empruntant au

(1) Les premiers combats livrés autour de Casablanca,
au mois d'août 1907, ont également montré l'utilité des mitrailleuses. Le général Drude n'en possédait que deux
qui auraient pu lui être précieuses, pour briser l'élan des
tribus kabyles, si elles avaient pu fonctionner régulièrement.

besoin l'appareil moteur à tel industriel, le procédé de changement de canon à telle maison, le système de pointage ou de fauchage à telle autre et en faisant de tout cela une mitrailleuse de Jeannot, pour la plus grande gloire des ateliers officiels.

Pendant ce temps, les semaines, les mois et les années s'écoulent. Les plus graves difficultés internationales se sont plusieurs fois présentées. La situation, à deux ou trois reprises, a semblé si menaçante, qu'un ministre patriote, courant au plus pressé, a donné un jour l'ordre formel de se procurer tout de suite quatre cents mitrailleuses du type qui avait été le mieux essayé et qui était réclamé par l'arme appelée à s'en servir, par l'infanterie.

On les acheta, on les reçut ; mais avant même que les régiments les eussent vues, on les leur reprit, afin d'étudier encore des modifications nouvelles...

Bref tout le monde en Europe, en Amérique et en Asie, possède aujourd'hui des mitrailleuses, réparties suivant des principes différents, ici ou là, entre les unités d'infanterie ou de cavalerie et les places fortes ; mais la France ne sait pas encore au juste quand elle obtiendra enfin cet armement nécessaire, ni même comment il sera fait !...

Je suis en mesure de préciser toutes les phases de l'étrange conflit qui retarde lamentablement notre mise en état de défense, et c'est ce que je vais faire ici.

Ce sera un nouveau chapitre, et non des moins édifiants, ajouté à tous ceux où j'ai précédemment énuméré les méfaits de ces commissions, directions, inspections, sections et comités, dont l'activité est infatigable pour arrêter tout progrès et dont la force d'inertie est toute-puissante pour faire échec à la volonté du ministre de la guerre, c'est-à-dire en fait à l'autorité du Parlement qui accorde à celui-ci sa confiance.

*
* *

C'est il y a neuf ans, en 1898, que la direction de l'artillerie au ministère de la guerre fut saisie de la question des mitrailleuses, et cela de la manière la plus officielle et la plus claire : son propre comité *technique*, sur la proposition de sa section *technique*, lui annonçait avoir à sa disposition un modèle mis au point et prêt à entrer immédiatement en service, quitte à lui faire subir plus tard les modifications de détail que l'expérience indiquerait. Ce modèle, fabriqué par l'industrie privée, c'était la mitrailleuse Hotchkiss.

La Direction d'artillerie, si elle n'avait été qu'un organe consciencieux du ministère de la guerre, si elle ne cultivait aucun parti pris et ne recherchait aucune satisfaction d'amour-propre en travaillant à la Défense nationale, n'aurait eu qu'une chose à faire : proposer tout de suite au ministre d'ordonner les essais, et, s'il y avait lieu, d'entrer en pourparlers avec le fabricant.

Mais cette Direction, outre qu'elle n'est jamais pressée, a des idées particulières sur ses devoirs et sur son droit.

Tout d'abord, c'eût été la première fois, prétend-elle, que l'artillerie française aurait adopté un engin établi par des ingénieurs civils et non par des officiers de l'arme, et à aucun prix elle ne voulait créer un précédent de ce genre (1).

(1) Rien de moins exact. Quand on réorganisa l'armement de nos places fortes après la guerre de 1870-71, on commença par se servir du matériel emprunté au département de la marine ou du matériel racheté aux Allemands et remis en état.

A partir de 1875, une partie de ce matériel fut remplacée par des canons de 138, puis par des matériels en acier de 95 (Système Lahitolle), de 120, 155, et 220 (système de Bange) *et par des canons revolvers Hotchkiss*, semblables à ceux qui arment encore les hunes de nos navires de guerre et le pont de nos avisos. Il y a donc un précédent !

En second lieu, elle tenait à donner du travail à ses propres manufactures et leur réservait la fabrication des mitrailleuses selon un modèle qu'elle était « sur le point » d'arrêter elle-même..

A cela, le comité technique de l'artillerie (formé, lui aussi d'artilleurs, comme son titre l'indique) répondit avec la plus grande précision :

1° Que le modèle Hotchkiss avait été obtenu grâce à la collaboration active de plusieurs de leurs camarades et en particulier du commandant Lepelletier, ce qui donnait satisfaction aux plus délicates susceptibilités ;

2° Qu'il serait sans doute possible de conclure un marché réservant à l'artillerie le droit de fabriquer elle-même la mitrailleuse dans ses établissements.

La direction ne voulut rien entendre. Elle a un comité consultatif, mais c'est pour ne pas l'écouter quand il la conseille. Ce comité a lui-même sous ses ordres une section technique où travaillent les officiers les plus instruits, les plus ardents, les plus actifs ; mais la direction n'est pas obligée d'en croire tous ces collaborateurs éprouvés qu'elle s'est pourtant choisis. Elle n'en fait qu'à sa tête, et dans cette circonstance, malgré l'intérêt de premier ordre qu'il y avait à pourvoir au plus vite notre armée d'un engin qui n'était pas encore définitivement adopté alors par les troupes allemandes, elle décida « d'ignorer » la mitrailleuse tant qu'elle n'aurait pas son modèle à elle.

Puis, afin d'exprimer comme il convenait un blâme à l'adresse des officiers qu'elle jugeait coupables pour lui avoir proposé un engin fabriqué par l'industrie privée, la direction interrompit de ce chef toute relation officielle avec son comité technique !

Oui ! cela paraît à la fois comique et monstrueux, et cela est, pourtant. Depuis lors, il est à peu près interdit au comité *d'artillerie* d'entretenir la direction de *l'artillerie* de la question des mitrailleuses !

Pendant que l'arme savante jouait ce jeu ridicule et dangereux, que faisait l'infanterie ?

La direction de l'infanterie, son comité et sa section technique, ainsi que l'unanimité de ses généraux commandants de corps d'armée ou autres, n'étaient pas demeurés inactifs. Ils considéraient, à juste titre, que la mitrailleuse est une arme de fantassins et que, après avoir établi eux-mêmes notre excellent type de fusil, Modèle 86, il leur appartenait de déterminer également la solution à donner au nouveau problème.

A la demande de l'infanterie, et après beaucoup de tergiversations, des mitrailleuses Hotchkiss furent mises à l'essai, en 1901, dans 9 bataillons de chasseurs à pied. Les rapports fournis, après les manœuvres d'automne de 1902, conclurent à la poursuite de l'expérience, à la condition toutefois que certaines modifications seraient apportées à différentes pièces.

En 1903, les épreuves furent reprises dans 7 bataillons de chasseurs du 7ᵉ corps d'armée, après la réalisation des perfectionnements demandés, et dont l'exécution fut surveillée par des officiers d'artillerie. En 1904, elles étaient terminées et les avis des corps de troupes, comme ceux des généraux chargés de suivre l'expérience, furent unanimement favorables à l'adoption immédiate de la mitrailleuse Hotchkiss.

Le 17 mars 1905, les conclusions de ces généraux et des chefs de corps furent adressées au Comité technique d'infanterie, qui formula en conséquence la demande que cette arme fût mise au plus tôt en service dans tous nos régiments de couverture, et dans toutes nos places fortes.

Cette demande fut transmise à l'Etat-major de l'armée, le 5 juillet 1905, par la 1ʳᵉ direction qui émettait en même temps son avis « très favorable ».

Sur ces entrefaites, le Conseil Supérieur de la Guerre se réunit et, sans spécifier le modèle à choisir (ce qui n'était point son affaire), demanda instamment, lui aussi, que nos troupes de l'Est fussent pourvues sans retard d'un nombre suffisant de mitrailleuses.

Le général désigné à cette époque pour commander en chef en temps de guerre estimait que 2,000 mitrailleuses (1) étaient nécessaires pour en doter les places fortes, les forts d'arrêt et les corps de couverture.

Le chef d'état-major général fixait ce chiffre, lui, à 1,600 (2), avec la condition expresse que les corps d'armée de l'intérieur en seraient pourvus immédiatement après la livraison de ces 1,600 premières pièces. Il se réservait d'étudier pendant ce temps les meilleurs moyens de transport pour les sections organisées dans chaque corps de troupe.

A la suite de cet avis, émis par les plus hautes personnalités de l'armée, la direction de l'in-

(1) La Haute Commission des places fortes reclamait d'urgence depuis 1901, mille mitrailleuses sur ces deux mille, pour l'armement de nos ouvrages.

(2) Le chef d'Etat-Major général actuel est d'accord avec son prédécesseur pour estimer que le chiffre de 1.600 mitrailleuses est un minimum, *dont la frontière doit être pourvue immédiatement.*

fanterie insista auprès de l'Etat-major général
pour que son choix se portât sur le seul engin
que nos troupes eussent expérimenté, puisqu'il
avait donné des résultats très satisfaisants, et
puisque d'ailleurs il n'y en avait pas d'autre
qui fût prêt à subir les épreuves.

Le 5 août 1905, nouvelle demande, plus pres-
sante encore, afin qu'une décision fût prise,
d'urgence...

Mais, le même jour, une note de l'Etat-major
de l'armée, qui s'était croisée avec celle de la
1re direction (infanterie) notifiait à celle-ci la
mise à la disposition immédiate de l'armée métropolitaine de cent mitrailleuses dites « *de
Puteaux* ».

La mitrailleuse de Puteaux ?... Qu'est-ce que
c'était que cela ? L'infanterie avait bien entendu
vaguement parler d'un outil de ce genre que
l'on était en train d'étudier dans les ateliers de
l'Etat ; mais on s'était bien gardé de lui demander son avis !... Comment était-ce fait ? Comment cela se manœuvrait-il ? Qu'est-ce que cela
valait ?

C'était le produit des méditations solitaires
de la direction de l'artillerie, qui, ayant rompu
avec son comité, s'était abouchée avec le directeur de Puteaux et lui avait donné ses ordres.

Depuis 1904, on avait ainsi fabriqué dans les ateliers de l'Etat, grâce à la complicité du Contrôle et à l'aide — j'en possède la preuve — de sommes d'argent considérables et destinées à de tout autres objets, des engins que l'unanimité des officiers de toutes armes a reconnus plus tard pour de la véritable ferraille et dont toutes les pièces de rechange ont été jetées, depuis, aux « caffuts (1) ».

Il faut d'ailleurs ajouter tout de suite que, même pour si mal fabriquer, la direction de l'artillerie n'avait pas fabriqué très vite, car, au lieu de *cent* mitrailleuses annoncées le 5 août comme devant être *immédiatement* fournies, Puteaux n'en livra que *deux* en six mois !

La direction de l'infanterie protesta. Par une note en date du 15 octobre 1905, elle expliquait d'ailleurs qu'il est contraire aux décrets en vigueur de mettre en service dans les régiments une arme non encore expérimentée et demandait à l'artillerie de lui faire connaître exactement avant toutes choses le modèle d'engin adopté et le moyen de s'en servir. Elle réclamait enfin à nouveau les mitrailleuses de son choix.

____

(1) On appelle « caffuts » en matière d'artillerie les débris de fer, de fonte et d'acier qu'on vend au poids, comme inutilisables.

Pas de réponse !

Le 4 décembre 1905, alors, son directeur fit parvenir à l'Etat-major de l'armée une nouvelle note animée d'une patriotique énergie et qui demandait au ministre d'approuver ses avis répétés tendant à l'adoption immédiate de la mitrailleuse Hotchkiss. Il joignit à cette note un avis du Comité d'artillerie (de ce comité que la direction correspondante avait mis depuis trois ans à l'index !) concluant encore, le 6 septembre 1905, à la mise en service de cette arme.

Au début de 1906, en dehors des deux mitrailleuses dites de Puteaux livrées à l'infanterie, aucune autre arme de cette nature n'était cependant remise à nos corps de troupe ni à nos places fortes !

C'est alors que M. Etienne, à la demande de plusieurs membres du Conseil supérieur de la guerre et s'appuyant sur les rapports de tous les généraux qui avaient assisté aux expériences, eut le rare courage de prendre une résolution. Son patriotisme lui démontra la nécessité de briser d'indignes résistances et, afin de mettre, coûte que coûte, notre armée en état de combattre, si la guerre, à l'improviste, devait éclater, il fit une première commande de 400 mitrailleuses Hotchkiss.

On serait tenté de croire, n'est-ce pas, qu'un
pareil coup d'autorité a remis tout le monde au
pas ; que, la lumière s'étant faite sur la volonté
du chef, chacun allait désormais obéir et se
hâter même, dans la voie indiquée, afin de re-
gagner, s'il se pouvait, le temps perdu ?

Ce serait bien mal connaître l'esprit qui règne
dans un ministère où le maître n'est rien, où
les bureaux sont tout.

A l'ordre du ministre commandant 400 mitrailleuses Hotchkiss, la direction de l'artillerie, obligée d'exécuter cet ordre, mais bien à
regret, répondit tranquillement aux reproches
du ministre pour toutes ses lenteurs précé-
dentes qu'elle avait été mise « un peu en retard » parce qu'elle avait combiné laborieuse-
ment quelques améliorations pour ses mitrailleuses de Puteaux, dont elle vantait les qualités,
mais que désormais elle allait pouvoir les livrer
à raison de 90 par mois. Elle ajoutait, — *bluff*
suprême ! — que l'on pouvait compter avec
certitude, en avoir mille avant la fin de 1906,
et les mille autres réclamées avec insistance
par le généralissime, avant la fin de 1907.

Cette belle assurance impressionna tellement
tout le monde, que le général désigné pour
commander en chef nos armées se hâta de
faire, sur le papier, la répartition de ces mi-

trailleuses fictives, afin qu'elles fussent placées aux bons endroits au fur et à mesure de leur livraison !...

Il y a de cela près de deux ans ; et à l'heure où j'écris, les 4 grandes places fortes de l'Est qui devaient recevoir un millier de mitrailleuses en possèdent 3 ou 4 douzaines.

Quant aux troupes de couverture, le 6ᵉ corps d'armée, par exemple, il y en a 2 dans un régiment de cavalerie, 2 dans deux régiments d'infanterie (et pour l'un de ces régiments, entre parenthèses, on a oublié d'envoyer l'instruction en même temps que l'arme, si bien que le colonel s'est longtemps demandé à quoi cela pouvait bien servir : il est vrai que ce sont des « Puteaux » !). Les bataillons de chasseurs à pied, Longwy, Stenay, Verdun, etc., n'en ont pas. Les places avancées telles que Montmédy n'en ont pas. Les forts d'arrêt n'en ont pas, etc...

Comment qualifier les actes d'une direction qui en prend à ce point à son aise avec les nécessités de la défense nationale ? Ou plutôt, — car ce n'est pas à des personnalités que je veux m'attaquer ici — que penser d'une organisation ministérielle qui permet à quelques hommes, lesquels peuvent être négligents, ignorants ou infatués, de tenir de la sorte en échec la volonté du Gouvernement, les vœux de leurs camarades de l'armée, les travaux des commissions du budget et l'intérêt même du pays ?

Comment! nos affaires militaires sont censé remises entre les mains d'un personnage appartenant à l'Etat-major général ou au Parlement ; nous comptons sur lui pour traduire en actes les volontés de la nation et pour utiliser avec intelligence les sacrifices écrasants qu'elle consent chaque année, — et tandis que ce pseudo-ministre travaille de son mieux à préparer la défense du pays, il y a tout près de lui, logés sous le même toit, dans des compartiments numérotés, une série de ministres véritables, qui gouvernent, celui-ci telle arme, celui-là telle autre, et qui ont établi autour de leurs bureaux de si solides remparts, doublés de chevaux de frise et de chausse-trapés, que nul ne peut savoir ce qui se passe chez eux, ni leur imposer l'obéissance, ni même établir entre eux une entente cependant indispensable au bien commun ?

Et nous aboutissons, malgré des milliards et des milliards dépensés patriotiquement (1), à n'avoir pas encore en service dans notre armée des engins reconnus nécessaires, que tous

(1) Depuis 1871, la France a dépensé plus de 25 milliards pour le budget de la guerre.

nos voisins, amis ou rivaux, possèdent en abondance, et que nous avons été les premiers à inventer et à vouloir employer, il y a plus d'un tiers de siècle!

D'où cela provient-il ? Simplement de ce qu'on se résigne à ménager l'amour-propre d'un petit groupe d'officiers, — ou plutôt de fonctionnaires — qui ne veulent pas admettre les avis de leurs pairs ni abdiquer d'antiques prérogatives.

Leur exclusivisme va jusqu'à la plus injurieuse rudesse ; leur dédain pour tout ce qui n'est pas de leur coterie, jusqu'à la méconnaissance des plus élémentaires devoirs.

Il y a quelques semaines encore, il n'existait dans un des corps de la frontière, le 7e, que des mitrailleuses de Puteaux (en petit nombre, d'ailleurs). Comment s'y trouvent-elles ?

C'est que, ces troupes ayant fait l'essai des mitrailleuses Hotchkiss et les ayant jugées satisfaisantes, la direction d'artillerie leur a au plus vite retiré ces engins pour les envoyer dans les Alpes. Elle y a substitué ceux qu'elle fabrique (et si mal !) à Puteaux. Le général commandant un de ces corps d'armée, sur le vu des rapports de tous ses chefs de bataillon, s'éleva avec vivacité contre l'acte déraisonnable et nuisible accompli par la direction. Il demanda instamment qu'on lui rendît ses Hotchkiss, et qu'on l'autorisât en même temps à les mettre sur des chevaux ou des mulets munis de bâts, au lieu de l'obliger à les transporter dans des voitures de compagnie, qui sont difficiles à utiliser en pays de montagne...

Quand il eut écrit *deux fois* dans le même sens, on lui répondit *en lui envoyant, sans autre explication, quelques groupes nouveaux de mitrailleuses de Puteaux !...*

La direction d'artillerie élève, comme on voit, l'obstination à la hauteur de l'insolence.

Cela paraît d'ailleurs être érigé en système : la même direction s'est longtemps refusée à confier des mitrailleuses à l'école de Saint-Maixent, où il est cependant nécessaire de dresser nos futurs officiers d'infanterie au maniement et à l'entretien d'une arme dont ils auront à se servir. — A l'heure actuelle en a-t-elle envoyé ? Je l'ignore ! — En revanche, la direction leur a confié des canons de 75, comme s'ils devaient faire leur carrière dans l'artillerie.

Il en résulte que, même dans les rares corps de troupe où nous avons des mitrailleuses, nous n'avons pas de soldats mitrailleurs ayant pu s'exercer à les employer. Et cependant tout le monde est d'accord pour reconnaître qu'il faut environ deux mois pour former une bonne équipe de mitrailleurs, et encore faut-il la tenir constamment en haleine.

Mais tous les mécomptes causés par la Puteaux, toutes les protestations des généraux et des chefs de corps avaient néanmoins fini par impressionner le ministre. Le 10 décembre 1906, une commission (encore une !) dite « des armes portatives de petit calibre » fut constituée, pour dire enfin ce que valait cet engin. Son arrêt fut décisif : on ne pouvait mettre en service une arme aussi défectueuse, et le général Picquart donna l'ordre formel d'arrêter sa fabrication. Alors, la direction de l'artillerie se mit à étudier un nouveau type, dit « de Versailles », où l'affût est celui de l'infanterie ; le canon, celui de Hotchkiss ; la hausse, celle de l'Allemagne ; l'appareil moteur, actionné par emprunt de gaz... Il ne subsiste de la mitrailleuse originelle de Puteaux que la serrurerie, c'est-à-dire la culasse mobile, qui est assez bonne, à la vérité, si le reste ne vaut rien, — la direction de l'artillerie excelle, en effet, dans la serrurerie !

C'est ce nouveau modèle que l'on a expérimenté, au mois de juillet dernier, devant la commission du budget. Les résultats qu'il a donnés ont encore paru bien médiocres, et ce n'est pas à la construction en grand d'une pareille arme que le ministre, après avoir interdit de poursuivre la fabrication des Puteaux, pouvait permettre que l'on consacrât les quinze cent mille francs formant le reliquat du crédit destiné aux mitrailleuses.

Que faire ?

La direction d'artillerie allait-elle donc être obligée d'appliquer cette somme à l'achat de Hotchkiss, ainsi que le demande l'infanterie ? Se donnerait-elle à elle-même ce désaveu ? S'infligerait-elle cette humiliation ?

Le Contrôle vint à son secours. Avec un cynisme effrayant, il osa soumettre au ministre un projet de virement destiné à appliquer ce million et demi « sans emploi » à toute autre fabrication, et il fallut le refus indigné de M. le général Picquart pour empêcher au dernier moment un tel tour de passe-passe.

****

Avant de pousser plus loin mon récit, je crois nécessaire d'ouvrir ici une parenthèse.

Il ne s'agit nullement, dans ce qui précède ni dans ce qui va suivre, de recommander au choix de l'administration de la guerre un modèle particulier, fût-il à mes yeux le meilleur

et le plus sûr de tous. Nous avons des officiers instruits, attentifs et fidèles qui sont
chargés de, distinguer les qualités et les défauts des armes proposées : c'est leur rôle
exclusif et l'on peut s'en reposer sur eux du
soin de bien choisir. Si ces officiers n'avaient
pas conclu à diverses reprises en faveur d'un
type déterminé, je n'aurais même pas indiqué
par une initiale quel genre de mitrailleuse il
convient, à mon sens, d'adopter.

Mais il y a plus : je ne reproche même pas,
pour le moment, à la direction d'artillerie d'af-
ficher une préférence obstinée pour ce qu'elle
fabrique elle-même et d'avoir une répugnance
invincible pour les œuvres de l'industrie, car,
après tout, ce double sentiment peut provenir
d'un scrupule excessif et absurde, mais respectable, et d'un patriotisme mal compris, mais
sincère. Ce que je lui reproche, en revanche,
avec l'indignation la plus vive, et ce qui mérite, selon moi, une flétrissure impitoyable,
c'est que, par sa faute, la France est en état
d'infériorité en face de ses adversaires.

Mitrailleuse X ou mitrailleuse Y, que m'importe ! Il y a plusieurs années que nous devrions avoir *une mitrailleuse !*

C'est en 1898, je l'ai dit, que le comité technique d'artillerie a préconisé l'adoption d'un

certain modèle. La direction l'a repoussé, tout en reconnaissant qu'il fallait en trouver un autre, et en octobre 1907, neuf ans plus tard, elle n'a encore fourni à nos régiments aucune arme définitive pour remplacer celle dont elle n'a pas voulu !

Voilà sa faute ! Voilà son crime !

Quelles excuses peut-elle faire valoir ? Est-ce par économie qu'elle s'est abstenue ? Ce serait là un singulier argument à invoquer pour des gens qui ont l'habitude — et qui s'en vantent ! — d'épuiser jusqu'au bout les crédits une fois votés, même quand ils savent que leurs fabrications sont défectueuses et ne peuvent servir à rien !

Mais il y a plus : un tel argument, outre qu'il serait de leur part cynique et déplacé, tomberait complètement à faux. Il ne faut pas des centaines de millions, en effet, pour acquérir des mitrailleuses, comme pour changer l'armement de l'infanterie ou de l'artillerie. Il s'agit seulement de quelques millions.

Non ! non ! Je dis qu'il est monstrueux de voir un groupe d'hommes distingués, instruits et qui devraient être les agents d'une exécution intelligente et prompte de toutes les décisions prises dans l'intérêt de l'armée, devenir, par un stupide esprit de corps, poussé jusqu'aux plus extrêmes limites de la désobéissance, de véritables agents *d'inexécution* des ordres de leur chef.

C'est cet antimilitarisme d'en haut, bien plus que celui d'en bas, qui met en péril notre armée. Les directeurs d'un des grands services de la défense nationale qui, pendant neuf années, ont réussi, par de sournoises manœuvres, par des lenteurs calculées, par des virements de crédits, ou simplement par la force d'inertie, à priver la France d'une arme que réclamaient pour elle tous les officiers d'infanterie, tous les experts des comités techniques, tous les membres du Conseil supérieur de la guerre et tous les ministres qui se sont succédé au pouvoir, ces directeurs-là ne sont plus des officiers ; ce sont, eux aussi, des mutins.

* * *

S'il était nécessaire d'ajouter au récit des faits administratifs, tels que je viens de les retracer par ordre chronologique, d'autres preuves encore pour établir que *seule* la direction de l'artillerie au ministère de la Guerre est responsable de la situation d'infériorité qui est faite à la France, il suffirait, je crois, de rappeler que, dès le 9 mai 1902, le ministre a envoyé à tous les généraux commandants de corps d'armée une circulaire les invitant à organiser des sections de mitrailleuses — sans mitrailleuses — dans les régiments sous leurs ordres. Chacune de ces sections devait être commandée par un lieutenant et se composer d'un sous-officier, un caporal et seize hommes : approvisionneurs, pointeurs ou tireurs. La circulaire prévoyait même qu'il faudrait étudier d'urgence la question des attelages et rechercher quel serait le nombre de mulets nécessaires pour le transport des pièces et de leurs munitions.

Depuis cinq ans qu'est-il advenu de cet ordre ? Je l'ignore ! Ce que je sais, c'est qu'il n'a accru, en rien, la force de l'armée continentale qui attend toujours sa mitrailleuse...

* * *

Cependant, tandis que l'armée métropolitaine était ainsi privée, en fait, d'un instrument de combat reconnu nécessaire, la Direction de l'artillerie exerçait une influence néfaste sur le ministère des Colonies et de ce fait, allait priver, comme nous allons le voir, notre armée coloniale d'un engin indispensable. Le ministre des Colonies, convaincu, grâce à la pression patriotique de la Direction des troupes coloniales et du bureau militaire du ministère des Colonies, que les mitrailleuses rendraient de signalés services dans les expéditions coloniales, décidait, au commencement de 1904, d'acheter 102 Hotchkiss, pour nos troupes du Tonkin, de Madagascar et de l'Afrique occidentale. Il s'en ouvrit naturellement à son collègue de la Guerre.

Celui-ci, ou plutôt le bureau de la direction de l'artillerie, lui répondit immédiatement que l'on venait de construire, à Puteaux, une mitrailleuse bien supérieure à celle de la maison Hotchkiss, et l'invita courtoisement à assister à des expériences de tir.

M. Doumergue, alors ministre des Colonies, s'y rendit en effet, avec le général inspecteur des travaux de défense et le chef du bureau militaire.

Les expériences, menées avec un art infini et très superficiellement contrôlées, *parurent* donner un résultat satisfaisant.

Incontinent, les 102 mitrailleuses furent demandées à la Guerre, qui se fit forte de les livrer avant la fin de 1905, et *une provision de*

350,000 francs fut versée rue Saint-Dominique, au compte des fournitures à venir de l'usine de Puteaux.

Mais, peu de mois après, tout avait changé de face. Les mitrailleuses ne marchaient plus. Des modifications étaient nécessaires avant de les livrer. On cherchait pour les canons un acier capable de résister à la balle D. Il faudrait même prévoir de ce chef une augmentation du prix de l'engin.

Les Colonies ne se firent pas prier et versèrent de confiance une nouvelle provision de plusieurs dizaines de milliers de francs.

Tout 1904, puis tout 1905, puis tout 1906 se passèrent, en réclamations d'une part, en explications évasives de l'autre. En fin de compte, la direction de l'artillerie promit solennellement que, avant le 1ᵉʳ janvier 1907, les Colonies auraient les 102 mitrailleuses de Puteaux qu'elles avaient demandées *et payées.*

Il n'y en a pas encore cinquante de livrées, à la fin du troisième trimestre de la présente année, et si, d'autre part, le ministère de qui dépend la protection de nos possessions lointaines n'avait pris la précaution, en désespoir de cause, d'acheter tout de même un certain nombre de Hotchkiss, nos faibles contingents n'auraient pu résister victorieusement, comme ils viennent de le faire dans l'Adrar, aux attaques furieuses d'une nuée d'ennemis.

Il faudra d'ailleurs faire rentrer en France les cinquante Puteaux livrées, pour les transformer en types dits « de Versailles ». On verra, quand elles seront corrigées et remises en service, à quel prix elles reviendront !... et comment elles fonctionneront...

*
* *

C'èst donc bien la direction de l'artillerie et elle seule, qui, malgré l'avis de son comité technique et de sa section d'études, a battu en brèche la volonté du ministre et privé l'armée française d'une arme que toutes les autres possèdent.

J'ai fait tout à l'heure l'énumération des puissances qui l'ont mise en service ; je dois à cet égard quelques précisions à mes lecteurs :

En Russie, les corps d'armée sont munis de mitrailleuses Maxim de 3 lignes (calibre du fusil russe), et approvisionnés à 5,850 cartouches par pièce.

En Suisse, à chacune des brigades de cavalerie des corps d'armée est affectée une compagnie montée de 8 Maxim, approvisionnée à

80,000 cartouches : 2,000 par pièce sur un cheval et 64,000 sur 4 chariots.

Au Japon, à chacune des 13 divisions d'infanterie est régulièrement affecté un groupe de 4 Hotchkiss (1) ; mais les leçons de la dernière guerre ont à ce point convaincu les vainqueurs de l'importance d'un tel armement, qu'ils possèdent actuellement, on l'a vu plus haut, 1,500 mitrailleuses ayant fait leurs preuves en Mandchourie et toujours prêtes à entrer en service.

En Allemagne, chaque corps d'armée est pourvu d'une compagnie de mitrailleuses, armée de 6 Maxim avec les caissons de munitions. Toutes les forteresses, principalement sur la frontière de Pologne et sur la frontière de France, renferment en outre de véritables parcs, où les pièces de ce genre, en nombre considérable, sont prêtes à être utilisées sur place ou bien à être affectées, suivant les besoins, aux corps d'opération, où se trouvent des sections de mitrailleurs instruits.

En Angleterre, il est attribué, en temps de guerre :

1° A chaque brigade d'infanterie, une sec-

(1) Ces mitrailleuses ont été fabriquées dans les arsenaux du Japon.

tion de 2 Maxim, approvisionnée à 21,000 cartouches, dont 8,000 sur les affûts et 13,200 sur le chariot à munitions ;

2° A chaque bataillon d'infanterie montée, une section de mitrailleuses approvisionnées à 42,000 cartouches, dont 7,000 dans les deux avant-trains et 35,200 dans les deux caissons ;

3° A chaque brigade de cavalerie, deux sections : l'une, approvisionnée à 41,100 coups, affectée à la brigade ; l'autre, destinée aux deux compagnies d'infanterie montée qui font partie de cette brigade.

Mais dans leurs expéditions coloniales, les Anglais ne s'en tiennent pas à ces chiffres : pendant leur dernière campagne du Soudan, ils avaient 20 mitrailleuses pour 20,000 hommes ; pendant la guerre sud-africaine, ils ont eu, en avril 1900, 200,623 hommes réunis sous le commandement de lord Roberts, avec 407 canons et 144 mitrailleuses.

Pour toutes ces puissances militaires, je pourrais citer des documents et des faits qui attestent quelle importance elles accordent à ce nouvel armement. On comprendra que j'insiste principalement sur ce que disent et font nos voisins immédiats de l'Est, qui sont nos rivaux les plus redoutables et les moins suspects d'esprit aventureux, en ce qui concerne l'organisation de l'armée.

Voici, brièvement résumées, les dispositions les plus intéressantes du règlement allemand de manœuvres pour les groupes de mitrailleuses. Il est daté du 14 mai 1902, c'est-à-dire cinq jours après que notre ministre de la Guerre, à nous, avait prescrit, *sur le papier*, l'établissement de sections similaires dans nos corps d'armée :

PRINCIPES GÉNÉRAUX. — Les mitrailleuses permettent d'amener en des points déterminés et d'y développer, dans l'espace minimum, l'effet du feu de l'artillerie.

Des abris dont la superficie est à peine suffisante pour un peloton d'infanterie peuvent protéger un groupe entier de mitrailleuses. Les groupes ont la capacité de marche des troupes montées... Pas de feux traînants, ni de combats contre de minces lignes de tirailleurs bien abrités. La lutte contre des mitrailleuses ennemies n'est pas le devoir principal de nos mitrailleuses.

En ce qui concerne les attaques de la cavalerie adverse, le groupe de mitrailleuses peut, en tout temps et toute situation, y faire face avec sécurité. Veiller avec une attention particulière sur les lignes qui suivent le front d'attaque et sur ses propres flancs... Les groupes peuvent s'avancer en rase campagne, sans se préoccuper de la cavalerie, si elle n'est pas soutenue et pas nombreuse. Une surprise est-elle à craindre, on peut approvisionner pendant la marche.

Dans le combat contre l'artillerie, ne pas oublier que la supériorité du feu de cette arme est aux grandes distances. Amener les traîneaux le plus près possible.

En règle générale, il faut employer les groupes au complet. Pour des buts spéciaux, des sections pourront être rendues indépendantes. L'emploi des pièces isolées est interdit.

Après reconnaissance suffisante, les mitrailleuses n'ont besoin d'une protection spéciale qu'en terrain absolument impénétrable à l'œil et touffu. *En ce cas, toute troupe voisine doit faire droit à une réquisition du chef des mitrailleuses ; de même, pour prêter main-forte dans les transports de pièces et munitions.*

La libre disposition des mitrailleuses est entre les mains du haut commandement.

COMMANDEMENT. — Le chef de groupe se rend au début du combat auprès du commandant en chef et prend ses ordres. Au cours de l'action, il reste en liaison constante avec lui, se réservant toutefois une certaine initiative pour l'adaptation immédiate des prescriptions à la situation présente.

RECONNAISSANCE ET CHOIX DE L'EMPLACEMENT DU COMBAT. — Ce qui détermine le choix d'un emplacement de combat, doit toujours être la recherche de l'effet maximum dans les limites de la mission reçue : la préoccupation de se couvrir ne vient qu'en deuxième ligne. Utilité de la reconnaissance. Eviter d'attirer prématurément l'attention de l'ennemi...

MARCHE ET ARRIVÉE SUR LA POSITION DE TIR. — Mesures de sûreté. — Masquer la prise de position. — Ouvrir le feu par surprise. — Ne pas trop écarter les mitrailleuses, sans cependant les gêner mutuellement dans le feu. — Pièces isolées en échelons sur les flancs menacés.

OUVERTURE ET EXÉCUTION DU COMBAT PAR LE FEU. — Pas de décision précipitée... Ce qui détermine le choix du but, c'est, en premier lieu, son importance tactique du moment. Tir indirect, rare. Dès le début du combat, il faut se dire que la provision de cartouches est limitée. Mais si l'on se décide à battre un but de son feu, il faut y consacrer, même entièrement, les munitions nécessaires pour atteindre le but du combat. Un feu dont l'effet est insuffisant affaiblit le moral des troupes et fortifie celui de l'ennemi. L'adversaire sera plus ébranlé par les pertes qui lui sont infligées s'il les subit en peu de temps que si elles se répartissent sur une plus longue durée. Il convient donc, dans la plupart des cas, d'ouvrir le feu, même sur un ennemi plus faible, non pas avec une ou deux sections mais avec le groupe entier.

La dépense des munitions nécessaires à l'écrasement de l'adversaire est sensiblement la même dans les deux cas ; mais les pertes qu'on éprouve soi-même sont notablement moindres dans le dernier.

Ne pas changer de but trop souvent. Éviter gaspillages. Sang-froid. Habileté au tir. Stricte discipline au feu. L'exemple de gens de cœur donne l'assurance que le combat se poursuit avec succès contre l'adversaire, lequel se trouve lui-même dans une situation également grave.

ROLE DES CHEFS DANS LE COMBAT. — Rôle du commandement en chef, du chef de groupe, du chef de section, du chef de pièce... Tout en assurant la transmission des ordres et la conduite du feu, il faut veiller avec la dernière rigueur à ce que personne ne se montre plus qu'il n'est nécessaire pour observer le champ de bataille, servir les machines, transporter les cartouches, et mesurer les distances.

CONDUITE DES ÉQUIPAGES. — Au combat, en arrière et à l'abri. La marche en avant s'effectue ensuite en traînant et en portant à bras d'hommes les pièces démontées et les coffres à munitions. Un cheval, à l'occasion, peut être attelé, à côté marche un homme qui empêche les traîneaux de se renverser et aide à passer les obstacles.

Symétrie pas nécessaire ; mais, autant que possible, arrivée simultanée sur la position de combat.

De l'ordre et de la discipline surtout en retraite.

RAVITAILLEMENT DE MUNITIONS. — Haute importance. Tous doivent mettre toute leur énergie et employer tous les moyens à fournir continuellement de munitions la ligne de feu, *même sans ordre ni invitation à ce sujet.*

Va-et-vient de coffres vides et de coffres pleins. Chaîne ininterrompue. *En cas de besoin, l'infanterie et la cavalerie sont tenues de prêter des munitions aux mitrailleuses.*

REMPLACEMENT DU PERSONNEL ET DU MATÉRIEL. — Avec les ressources des groupes ; puis, avec celles du train des équipages. Mitrailleurs exercés aux réparations. A l'occasion, le matériel endommagé suit avec un attelage réduit ou à bras d'homme.

ATTAQUE. — Dans le combat de rencontre, mitrailleuses à l'avant-garde et même à la cavalerie d'avant-garde pour l'occupation rapide et durable des points favorables. Après l'arrivée de l'infanterie, retirer les mitrailleuses de la ligne de feu et les tenir prêtes pour un emploi ultérieur.

Dans l'attaque d'un ennemi déjà déployé, d'abord mitrailleuses en arrière, formant dans la main du haut commandement une réserve très mobile ; puis aux points menacés, sur les ailes ou les flancs de l'adversaire, à l'attaque décisive.

Elles ne sont pas tenues de suivre tous les bonds en avant. Conduites avec habileté et prudence, elles approchent toujours suffisamment de l'adversaire pour participer au combat par le feu et à l'effort final.

Dans ce cas, elles devront rechercher une position dominante pour accompagner de leurs feux sans les gêner les troupes poursuivant leur marche victorieuse. Faire avancer encore les mitrailleuses serait une faute : car leur feu serait interrompu et il faudrait de nouveaux pointages et de nouveaux essais.

DÉFENSIVE. — Les pièces ne sont pas propres à soutenir des combats par le feu de longue durée. Ce sont des armes mobiles avant tout.

D'abord les garder à la réserve et les employer, à mesure des besoins, pour renforcer la ligne de défense sur les points les plus menacés, en empêcher les enveloppements, à repousser l'assaut ou à passer à l'offensive. Les faire, cependant, entrer en action dès le début du combat, s'il s'agit de se rendre maître de voies d'approche importantes. Parfois un feu flanquant les mitrailleuses peut être employé à balayer les angles morts devant la ligne de combat. Préparer les abris. Si possible, fixer d'avance les distances.

POURSUITE. — Après un combat heureux, les groupes de mitrailleuses doivent être employés à la poursuite sans esprit de retour pour utiliser la victoire.

Ils y sont éminemment propres, puisqu'à la puissance du feu, ils joignent la rapidité. La poursuite doit être poussée jusqu'à bout de forces. Les mitrailleuses approchent l'ennemi autant que faire se peut, à la distance la plus efficace et empêchent tout effort de l'adversaire pour se rassembler ou se poster à nouveau.

Un feu flanquant est particulièrement efficace.

Un abondant ravitaillement de munitions est nécessaire pour mener énergiquement la poursuite par des feux.

RETRAITE. — Pour cesser le combat, ou en cas d'insuccès, les groupes de mitrailleuses peuvent rendre des services signalés en tenant tête à l'ennemi *sans égard pour la perte éventuelle des pièces* et en le criblant de feux.

Les positions en arrière des défilés sont particulièrement propres pour arrêter l'ennemi, ainsi que les positions analogues que l'on peut quitter en masquant sa retraite.

Il y a intérêt à mettre en sûreté une quantité suffisante de munitions, à reconnaître à fond les voies de retraite, à choisir judicieusement le moment précis pour commencer le mouvement, en particulier s'il doit être exécuté par échelons.

Pour éviter les arrêts, il faut en temps voulu envoyer en avant les caissons de munitions.

Les flancs appellent la surveillance la plus attentive, c'est par là que la retraite est le plus dangereusement menacée. Au cas où l'on peut trouver des positions de flanc convenables, il faudra leur demander des facilités de premier ordre pour la retraite.

Ai-je besoin de souligner les points de cette remarquable instruction qui caractérisent le mieux tout l'intérêt que les Allemands attachent au fonctionnement de leurs nouveaux instruments de combat ? Ne suffit-il pas, pour le faire pleinement ressortir, de constater que l'infanterie et la cavalerie sont *tenues* de « prêter aux sections de mitrailleuses toutes les cartouches que celles-ci leur réclameront » quand elles seront en pleine action ? N'est-ce point la preuve qu'il arrive un moment, soit dans la défensive, soit même, parfois, dans l'offensive, où le rôle de ces engins devient prépondérant aux yeux de nos voisins, et où c'est d'eux que dépendent l'échec d'un ennemi assaillant et l'écrasement définitif d'un ennemi vaincu ?

Le règlement autrichien est analogue à celui des Allemands. Toutefois, il est plus spécialement rédigé en vue de la guerre de montagne ou de la coopération avec la cavalerie.

De même pour le règlement suisse...

Quant à l'armée japonaise, ce n'est point par le texte de son règlement que l'on peut le mieux se faire une idée de l'importance qu'elle attache à la mitrailleuse : c'est par le compte rendu de ce qui s'est passé pendant la récente guerre de Mandchourie. Voici à cet égard quelques documents inédits et dont il serait difficile de contester l'importance.

C'est d'abord une note due à un brillant officier de l'état-major japonais :

Note sur les mitrailleuses.

Elles n'existaient pas dans l'armée japonaise au commencement de la guerre. Avec quelques Maxim-Nordenfeldt prises aux Russes à Nan Shan, on a improvisé un groupe, ou une unité, laquelle est restée attachée à la brigade de cavalerie en même temps qu'une batterie d'artillerie de montagne (faute d'artillerie à cheval).

La dite unité était composée de 6 mitrailleuses divisées en 3 sections. Le personnel en était : 1 capitaine, 3 officiers et 144 sous-officiers et soldats. Les animaux étaient 176 chevaux de trait. Les officiers appartenaient à l'arme de la cavalerie.

Le type de l'unité était celui d'une batterie d'artillerie à cheval. Les trains de devant servaient d'avant-trains aux mitrailleuses et aux charrettes et ils étaient semblables à ceux des batteries.

La vitesse de tir de l'arme était de 500 à 600 coups à la minute. L'approvisionnement *en était de 10,000 cartouches par mitrailleuse. Le ravitaillement était pris des colonnes de l'infanterie.*

Cette unité a assisté à la bataille de Tehlitze et à toutes les suivantes (Kaiping, Tahshihkiao, Haicheng, Liao Yang, Shaho et Mukden).

Le caractère montagneux du terrain sur lequel la brigade de cavalerie a opéré, à la bataille de Tehlitze, fait croire que l'unité n'a eu d'autre emploi que celui de garder l'artillerie sans tirer un seul coup.

Dans la bataille du Sha-Ho, son action a été aussi remarquable que mémorable, car elle a mitraillé et décimé deux régiments russes qui défilèrent en retraite au pied de la position occupée par la brigade à une distance de 1,800 mètres.

La brigade y faisait le service d'observation et celui de la garde de l'aile droite.

Les Russes n'ont pu employer les mitrailleuses que sur la défensive, en fractionnant, par groupes de 2, les unités ou les compagnies divisionnaires. *Les effets des mitrailleuses ont été très remarquables partout où les Russes ont pu les utiliser et c'est par suite de cela que, dès le début de 1905, les Japonais ont doté des mitrailleuses Hotchkiss leurs armées première et deuxième.*

Chaque armée composée de 3 divisions a reçu 36 mitrailleuses, soit 12 par division, 6 par brigade d'infanterie, 3 par régiment et une par bataillon. Les approvisionnements des cartouches pour l'alimentation étaient portés par colis contenant 600, 800 et 1,200 chacun. Les 600 cartouches étaient déjà placées dans les chargeurs métalliques à 30 chacun ; les colis de 800 et de 1,200 étaient arrangés par paquets de 10 chargeurs...

L'unité était un groupe de 6 mitrailleuses pour une brigade d'infanterie : *chaque section de 3 mitrailleuses appartenait à un régiment d'infanterie et* était commandée par un officier ; les chefs de pièce étaient des sous-officiers ; *les tireurs étaient des caporaux.* Le personnel de la section se composait de 36 hommes (12 par pièce) la traction y incluse.

Les officiers et les soldats appartenaient à l'infanterie, arme à laquelle ces unités étaient attachées. L'instruction en fut donnée par les officiers d'artillerie ayant conduit les mitrailleuses en Mandchourie, depuis l'arsenal d'Osaka, où le matériel fut construit.

Les unités à bâts se composaient aussi de 6 mitrailleuses, divisées en deux sections de 3 et commandées par des officiers ou des sous-officiers. Le personnel de chaque pièce comptait : 1 chef de pièce (sous-officier), 1 caporal tireur, 2 servants pour charger et préparer les bandes, 3 pourvoyeurs et 3 conducteurs des charges. 2 sous-officiers étaient les chefs du ravitaillement. Animaux : 3 chevaux par pièce.

Le transport se faisait en 3 chargements dont un comportait la mitrailleuse avec son bouclier et son trépied, les autres deux étant des coffres à munitions.

Le débit des munitions a été très variable. 2 mitrailleuses de la division de la garde ont consommé le 3 mars 1905 dans une attaque nocturne, 7,130 cartouches ; 4 mitrailleuses en ont consommé 12,000 le 10 mars, tandis que ces mêmes pièces n'en ont tiré que 4,700 le 31. Les mitrailleuses de la deuxième division n'ont atteint que le chiffre de 1,500 par pièce le 5 mars.

L'unité de 6 pièces a été abandonnée pratiquement, les mitrailleuses ayant fonctionné par groupes de 4 et de 2.

Le premier emploi des mitrailleuses japonaises a eu lieu sur la ligne de Sha-Ho et il a été exclusivement défensif, dans des emplacements bâtis à dessein, c'est-à-dire, dans les meilleures conditions.

A la bataille de Mukden, les mitrailleuses ont été appliquées à des usages tactiques très variés. En général elles ont été employées par groupes de 2 et de 4, affectés aux unités de l'infanterie...

Elles ont joué dans les attaques nocturnes et contre des réduits ou des tranchées défendues par l'infanterie un rôle considérable...

L'action de celles qui ont été employées à la protection de l'artillerie a été défensive, et, en résumé, l'emploi tactique défensif a prévalu, bien que les occasions de grande utilité et les effets offensifs n'aient pas manqué non plus.

Sur ce dernier point, de même que sur la plupart des points tactiques, on perdrait son temps et son travail à faire des résumés et des extraits qui ne sauraient jamais dire ce que, seul, le récit des combats et la relation détaillée des circonstances spéciales ayant accompagné chacun d'eux pourrait expliquer et représenter nettement.

L'importance de cette question m'a fait faire, à part mes nombreuses observations personnelles, une enquête minutieuse des opinions de beaucoup de généraux, d'officiers et de sous-officiers ayant employé les mitrailleuses dans des combats et des circonstances très variés. C'est une information aussi impossible à résumer que le récit même des épisodes dans lesquels les mitrailleuses sont intervenues.

GÉNÉRAL X...

Sur le même objet, voici d'autres extraits de lettres adressées à un officier français et émanant de deux officiers qui ont joué un rôle important dans cette guerre :

1º Lettre en date du 4 février 1907, écrite par le colonel d'artillerie B. Shimakawa de l'Arsenal de Tokio :

« Après avoir passé un an de campagne en Mandchourie, depuis Nansan, jusqu'à Mukden, comme

Chef d'un régiment d'artillerie de campagne, me voici encore dans un bureau de Koishikawa. (Arsenal de Tokio.)

« Les mitrailleuses ont rendu à l'armée japonaise de grands services... »

2º Lettre, en date du 9 février 1907, du général A. Saisho, commandant l'artillerie à Port-Arthur :

« Les effets de la mitrailleuse ont été très remarquables pendant la guerre Russo-Japonaise. »

Et voici maintenant le résumé des observations d'un brillant officier général qui a suivi les opérations en Extrême-Orient, au nom du Gouvernement français :

Au début de la guerre, les Japonais n'avaient pas de mitrailleuses en service ; les Russes possédaient quelques mitrailleuses Maxim. Ces dernières produisirent de tels effets, notamment à la bataille de Liao Yang, que les Japonais s'empressèrent d'imiter leurs adversaires.

En septembre 1904, la brigade de cavalerie Kan-in est dotée d'une batterie de mitrailleuses Hotchkiss ; pendant l'hiver 1904-05 l'infanterie japonaise est pourvue à son tour de mitrailleuses de ce modèle, à raison de deux en moyenne par bataillon. Ces engins donnèrent des résultats fort satisfaisants.

De leur côté, les Russes créaient une compagnie de 8 machines Maxim par division d'infanterie.

L'efficacité des mitrailleuses est un des rares points sur lesquels il y ait unanimité chez les témoins de cette guerre.

Dans la défensive, le feu de ces engins arrête net l'attaque de l'infanterie ennemie ; exemple, l'attaque des redoutes de Liao Yang par l'infanterie japonaise, les 2 et 3 septembre 1904. On peut dire que c'est grâce à l'emploi des projecteurs et des mitrailleuses dont ils étaient abondamment pourvus que les forts russes de Port-Arthur ont pu éventer les nombreuses attaques de nuit des Japonais et obliger ces derniers à passer par les longues phases de la sape et de la mine. Lors du grand assaut du 26 novembre 1904, un corps de 2,000 volontaires se glissa pendant la nuit dans la vallée de Shuishi de manière à prendre à revers le fort de Shung Shu Shan (cette vallée constitue entre les fronts Est et Ouest de la défense, une voie de pénétration conduisant directement à Port-Arthur) ; *s'il avait réussi, c'était la fin de la place.* La première partie de la marche s'effectua sans encombre ; mais un projecteur ayant signalé l'approche de la petite colonne, *celle-ci fut littéralement écrasée par des mitrailleuses ; quelques centaines d'hommes seulement échappèrent, rapportant leur chef* (général Nakamura) *grièvement blessé.*

Dans l'offensive, la mitrailleuse rend les plus grands services pour la conservation des points d'appui conquis. Toutes les fois que les machines des Japonais pouvaient aller s'installer à temps sur la position enlevée par l'infanterie, les retours offensifs que tentaient généralement les Russes avec une grande ténacité étaient invariablement repoussés.

Un exemple des pertes infligées par ces engins : le 12 octobre 1904, à la bataille de Sha Ho, les mitrailleuses du prince Kanin mirent environ 1,500 hommes hors de combat à une brigade d'infanterie russe en quelques minutes.

L'effet produit est, à la fois, matériel et moral. En raison de la rapidité et de la justesse du tir, l'ennemi éprouve de grandes pertes en peu de temps, en outre, au milieu du fracas incohérent de la bataille, le roulement sec et régulier de la décharge de la mitrailleuse produit une impression très appréciable de réconfort chez la troupe amie et d'énervement visible chez l'adversaire.

C'est en ces termes que ce général apprécie le rôle joué par la mitrailleuse en Extrême-Orient. Que pense-t-il donc de son emploi dans une guerre européenne ? — Lisez :

Les enseignements tirés du rôle de la mitrailleuse dans la guerre russo-japonaise s'appliquent au cas d'une guerre européenne. Il s'agit en effet d'un instrument tactique, dont l'emploi est indépendant des conditions générales dans lesquelles la guerre de Mandchourie a été menée.

On peut affirmer qu'un adversaire ne disposant pas de mitrailleuses, se trouverait dans un état d'infériorité sensible à l'égard d'un ennemi qui en serait pourvu.

En effet, la mitrailleuse est *du feu d'infanterie concentré*. De deux infanteries égales, aux prises sur un même front, celle qui aura des mitrailleuses en action disposera d'un feu plus soutenu *et, surtout, plus efficace, parce qu'il est plus juste.*

C'est donc cette dernière troupe qui devra logiquement prendre la prépondérance du feu sur l'autre. Or, l'assaut ne peut être déclanché avec chance de succès que si cette condition est d'abord réalisée.

Ce « feu d'infanterie concentré », remarquons-le, sera particulièrement utile à la cavalerie, notamment dans le combat à pied, et permettra d'élargir singulièrement le rôle des divisions de cette arme.

Quant au rôle important que joueront désormais

les mitrailleuses dans la guerre de siège, il ressort clairement des opérations devant Port-Arthur.

Résumé et conclusions. — L'expérience de la guerre a conduit les Russes, qui n'avaient tout d'abord que quelques mitrailleuses, et les Japonais, qui n'en avaient pas, à affecter à leurs armées, en moyenne de 2 à 6 machines par régiment.

Ces mitrailleuses ont joué un rôle considérable sur le champ de bataille. *On peut affirmer qu'il en serait de même dans une guerre européenne et qu'une armée sans mitrailleuses serait en état d'infériorité sensible en présence d'un adversaire qui en serait pourvu.*

Que dira d'une telle conclusion la direction de l'artillerie, et comment devra-t-elle se juger elle-même, pour avoir laissé depuis neuf ans la France *en état d'infériorité sensible*, en face de ses rivaux ?

Mais elle ne devrait même pas avoir besoin de consulter des documents étrangers ou de lire les récits écrits par nos officiers sur la guerre russo-japonaise, pour se rendre compte de l'importance d'une arme qu'elle se refuse obstinément à construire ou bien à acheter. Notre propre comité d'artillerie, dans son rapport du 6 septembre 1905 a émis les avis suivants :

1º DANS L'OFFENSIVE. Occuper *avec des mitrailleuses* les points d'appui naturels ; flanquer la ligne d'attaque ; contenir l'ennemi sur un point et rendre libre ainsi une partie des troupes pour la manœuvre ; préparer l'attaque pendant la marche des troupes assaillantes, parer aux contre-attaques ; poursuivre par le feu ou protéger des troupes en retraite.

2° DANS LA DÉFENSIVE. Battre certains passages étroits, en particulier les points de passage forcés ; limiter les secteurs de manœuvre des troupes adverses en leur interdisant l'accès des terrains découverts ; occuper les ailes ou les saillants pour supprimer les secteurs privés de feu ; hâter le déploiement de l'adversaire en tirant à grande distance ; appuyer les contre-attaques ; occuper les positions de retraite.

Les mitrailleuses ne sauraient remplacer l'artillerie ; mais elles peuvent appuyer fortement l'infanterie.

L'école de Châlons, de son côté, estime que :

... Une section de deux mitrailleuses pourvue d'un télémètre a une capacité de tir équivalente à celle de 100 fusils.

L'utilisation des mitrailleuses pour l'occupation et la défense des positions a été, en outre, étudiée dans le cours de fortification de campagne de l'École supérieure de guerre. On trouve à ce sujet, dans cet ouvrage, les dispositions suivantes :

Quelques pièces d'artillerie à tir rapide *ou des mitrailleuses* pourront être employées :

1° Pour compléter le flanquement des intervalles

en les disposant en arrière et sur les flancs des points d'appui ;

2° Pour renforcer les positions rentrantes occupées en arrière des intervalles.

Des *mitrailleuses* munies de boucliers et réservées pour le moment décisif trouveront dans les petits intervalles entre les tranchées des créneaux tout indiqués pour tirer en toute sécurité contre l'assaillant qui chercherait à les tourner où à les envelopper.

Dans les retours offensifs les réserves seront accompagnées par des *mitrailleuses* portatives et s'avanceront si possible jusqu'aux points d'appui de la ligne principale de défense et dans les intervalles d'où elles fusilleront tout ce qui se trouvera devant elles.

C'est enfin l'état-major général de l'armée lui-même, qui, dans une note transmise aux différentes sections techniques sur l'efficacité désormais démontrée des mitrailleuses, s'exprime en ces termes :

C'est surtout dans la défensive que ces engins ont montré une terrible efficacité, en particulier au moment où les deux adversaires étant à quelques centaines de mètres les uns des autres, les hommes deviennent nerveux et tirent trop haut alors que leur tir pourrait être le plus efficace s'il était bien ajusté.

MACHINES SANS NERFS ET SANS AME, LES MITRAILLEUSES, DANS CES CIRCONSTANCES, FAUCHENT LITTÉRALEMENT LES ASSAILLANTS.

On peut donc affirmer qu'il ne s'agit pas seulement ici d'un engin dont se seraient plus ou moins légitimement engoués les militaires étrangers, à la suite de hasardeuses campagnes coloniales ou d'une guerre soutenue à l'extrémité de l'Asie par une nation européenne mal préparée contre une race belliqueuse et subtile parvenue d'un seul bond à la gloire. Il s'agit en réalité d'une arme que les arbitres les plus sérieux et les juges les mieux avertis de tous les pays et même du nôtre considèrent comme indispensable aux combats modernes.

Tous les généraux, tous les chefs de corps, tous les professeurs d'art militaire sont unanimes sur ce point.

Et maintenant, qu'en pensent les soldats?

*   *
*

Les soldats, — et par ce mot j'entends non seulement les hommes qui servent dans le rang, mais leurs sous-officiers et caporaux ainsi que les lieutenants qui commandent ou ont commandé des sections, — les soldats sont enthousiastes de l'arme nouvelle, dont ils comprennent admirablement l'usage et dont la manœuvre est par eux facilement apprise en très peu de temps et jusque dans les moindres détails.

Les régiments d'infanterie coloniale de Brest,
de Cherbourg, de Toulon et de Paris, les bataillons de chasseurs à pied qui l'ont essayée
dans les Vosges ou dans les Alpes, tous, sans
exception, ont obtenu des résultats satisfaisants
comme tir et n'ont formulé de réserves pratiques, au point de vue de la manœuvre de
l'arme, que sur des points de détail facilement
corrigeables.

Il suffira pour s'en convaincre de lire le ques-
tionnaire suivant et les réponses faites sur tous
les points qu'il touche, par un officier général
chargé de grouper les avis de la troupe et des
chefs de corps :

Est-on satisfait des mitrailleuses Hotchkiss ? —
On s'en montre unanimement satisfait ; leur utilité
est incontestable.

Quelle est l'appréciation sur la valeur de l'engin ?
— La mitrailleuse est un engin de guerre excellent ;
procurant aux troupes un appui matériel et moral
considérable. Il est de toute impossibilité de franchir
une zone de terrain battue par le feu d'une mitrailleuse.

A-t-on fait des tirs de vitesse et de résistance ? —
On a procédé à des tirs de vitesse, mais certains
régiments n'ont pas fait de tirs de résistance dans le
but d'éviter une consommation exagérée de munitions et une usure prématurée du matériel ; les tirs
ont été exécutés spécialement pour l'instruction de
la section.

Avec quelle rapidité ont été exécutés les tirs jus-

qu'à ce jour ? — Avec une vitesse moyenne de *350 coups à la minute.* Au ...ᵉ régiment, on a obtenu une vitesse de 450 à 500 coups, toutefois le tir a été arrêté au bout de moins de deux minutes.

La vitesse de 350 coups peut être considérée comme une bonne moyenne ; elle peut être maintenue pendant deux à trois minutes; si on la prolonge au delà de quatre minutes, la visée est rendue difficile par suite du miroitement provenant de l'échauffement de l'air par l'intermédiaire du canon.

L'échauffement est-il considérable quand on tire 300 coups à la minute, et pourrait-on alors tirer plusieurs minutes ? — Les renseignements donnés par les régiments diffèrent un peu à ce sujet. Il semble qu'avec la vitesse de 300 coups, l'échauffement n'est pas considérable, le tir peut être effectué pendant deux à trois minutes sans inconvénient, ni énervement du personnel.

Il faut alors quinze à vingt minutes pour laisser refroidir naturellement la pièce, ou trois minutes pour la refroidir avec deux bidons d'eau (1).

La justesse de l'arme n'est-elle pas diminuée ou annulée lorsque le tir atteint cette rapidité ? — En aucune façon.

Y a-t-il de fréquents accidents (enrayages, ruptures de pièces importantes, etc...) ? — Les enrayages signalés paraissent exclusivement dus à ce qu'on a utilisé trop longtemps les mêmes bandes qui avaient été réfectionnées un assez grand nombre de fois. Avec un personnel exercé et des bandes neuves ou à peu près neuves, ces accidents ne se produisent presque jamais.

La cause principale d'interruption dans le tir est

(1) Un nouveau procédé permet de remplacer un canon échauffé par un canon froid en quinze secondes.

la mise hors de service des extracteurs (un extracteur brisé après 1,500 cartouches en moyenne). Il serait bon de chercher à remédier à la fragilité de ces pièces, et aussi d'en donner un plus grand nombre de rechange (1).

L'entretien des mitrailleuses est-il facile ? Le personnel qui y est employé a-t-il la compétence nécessaire ? Les mitrailleuses sont-elles en bon état ? — L'entretien de la mitrailleuse est très facile.

Le personnel employé a la compétence désirable, *il faut de un mois et demi à deux mois pour mettre les hommes au courant.*

Les mitrailleuses sont actuellement en bon état.

Y aurait-il des améliorations à apporter à la mitrailleuse ?

— Quelques améliorations de détail sont demandées :

Bâche en toile imperméable, peinture des jambes du trépied renforcement du couvercle et du fond des caisses à munitions qui pourraient ainsi remplir l'office de boucliers.

On demande en outre que les hommes destinés au service des mitrailleuses soient armés de mousquetons, et que les outils suivants soient affectés à chaque section :

1° Une scie et une hachette par pièce sur les bâts.;

2° Une pelle et deux pioches par pièce portées par les servants :

Etc..., etc...

Toutes les autres imperfections de détail signalées aux exercices ont été réparées ; mais

---

(1) Un nouvel extracteur a été proposé par un officier d'artillerie. Cet extracteur expérimenté à Satory devant le ministre de la guerre a tiré plus de 12.000 coups sans se briser. Il a été reconnu comme étant absolument parfait.

vous connaissez le système, familier aux individus ou aux collectivités qui veulent à tout prix gagner du temps : au lieu de réaliser d'un seul coup tous les progrès nécessaires ; au lieu de corriger en même temps tous les défauts relevés, on commence par retirer une arme à la troupe afin de modifier un pignon dont les dents sont trop faibles. Après cela, on fait mine de remettre l'objet en service. Puis, juste au moment où les soldats tendent la main pour s'en saisir, on s'aperçoit qu'il faut changer un appareil de pointage : nouveau délai, pendant lequel les sections marquent le pas. Le pointage réglé, c'est une crosse que l'on trouve trop longue et qu'il faut couper : nouvelle indisponibilité de l'arme ! Alors on met à l'étude un autre changement encore... Et pendant tout ce temps, on pousse, on pousse aussi activement qu'on le peut la fabrication de l'engin préféré, de la « Puteaux », qui ne vaut rien, dont nos hommes ne peuvent se servir, mais qui a, malgré tout, ce mérite incomparable, d'avoir été conçue, exécutée, refaite et définitivement ratée par des ingénieurs en uniforme, au lieu d'avoir été réalisée, comme l'autre, par des officiers en veston.

Il faut être juste : la direction de l'artillerie et les très rares personnes qui la défendent encore semblent avoir pour elles une autorité considérable. La première fois qu'on a montré aux officiers de l'Ecole de tir de Châlons des exemplaires particulièrement soignés de la mitrailleuse de Puteaux, ils ont procédé à un examen d'autant plus superficiel et à des expériences d'autant plus incomplètes qu'ils n'ignoraient pas que la fabrication en grand de ces pièces était déjà commencée, nonobstant leur avis éventuel. Après quoi ils ont dédaigneusement déclaré que c'était là, sans doute, une arme *satisfaisante*. C'était une façon polie de dire : mieux vaut cela que rien.

Depuis lors, un examen plus approfondi a convaincu tout le monde qu'il n'en est rien ; la « Commission des armes à feu de petit calibre », à l'unanimité, s'est prononcée en sens contraire ; tous les corps de troupe ont fait comme elle ; tous les généraux ont conclu comme elle; mais qu'est-ce que cela fait ? Il y a *un avis* à peu près favorable : qu'importe que les quatre-vingt-dix-neuf autres soient rigoureusement opposés ? Qu'importe même que les officiers experts de Châlons, mieux informés aujourd'hui, aient changé d'avis ? Qu'importe qu'ils condamnent expressément ce qu'ils avaient insuffisamment étudié? — On s'en tient à ce qui plaît.

Et nos soldats attendent toujours l'arme qui leur est nécessaire et que la direction de l'artillerie, qui n'a pas encore réussi à la fabriquer, se refuse plus que jamais à prendre à l'industrie privée!

* * *

Il faudrait pourtant en finir avec cette répugnance hypocrite et scandaleuse pour les œuvres de l'initiative industrielle!

Il faudrait en finir avec cette légende que l'État seul est capable de pourvoir aux nécessités de la défense nationale !

C'est à la fois un mensonge historique, en effet, et la méconnaissance absolue des volontés souvent exprimées par les représentants du pays.

Au cours de la fatale guerre de 1870, le Gouvernement de la Défense nationale fit partout appel au concours de l'industrie privée.

A Paris et aussi en province, malgré les difficultés du moment, les fabricants de matériel de guerre répondirent avec un empressement patriotique à cet appel, en mettant leurs usines au service du pays, en développant, autant que la situation le permettait, la fabrication de ces usines et en créant même d'importants ateliers, au prix des plus grands sacrifices.

Ç'est, en partie, grâce à ce concours de l'industrie privée que la résistance héroïque des armées put se prolonger pendant si longtemps.

A la suite de la guerre, l'Etat, pour réaliser son programme de relèvement, fit de nouveau appel à ce concours, qui lui fut donné tant qu'il le demanda. J'en citerai un seul exemple, parce qu'il s'applique au premier acte de la réorganisation nationale, qui fut la transformation de l'armement par l'adoption du fusil Gras en remplacement du fusil Chassepot, l'expérience faite pendant la campagne ayant condamné celui-ci d'une façon absolue.

Le fusil Gras put être adopté, en effet, en 1874, grâce à l'industrie privée qui, dès 1872, avait fourni à la commission militaire d'expériences de Vincennes les cartouches métalliques nécessaires.

L'aide demandée par l'Etat à l'industrie privée, après la guerre, pour la reconstitution des approvisionnements de toute nature de l'armée, provoqua de toutes parts dans les usines existantes une préparation active au développement de la fabrication, par la création de matériels nouveaux dotés des derniers perfectionnements et par d'importantes installations de bâtiments, de façon qu'on fût en mesure d'exécuter rapidement toutes les commandes éventuelles.

L'utilité du concours prêté à l'Etat par l'industrie privée pour l'armement national a été à maintes reprises reconnue dans le Parlement, notamment par :

MM. le comte Rampon (Rapport en 1873 sur la Commission d'armement) ;

Martin-Feuillée (Rapport sur le budget de la guerre de 1878) ;

Laisant (Rapport sur le budget de la guerre de 1883) ;

Cavaignac (Rapport sur le budget de la guerre de 1888) ;

Wickersheimer (Rapport sur le budget de la guerre de 1890).

Une large part des commandes relatives à l'armement devait être réservée à l'industrie privée pour lui permettre d'alimenter son matériel et d'entretenir le personnel ouvrier : tel était l'avis exprimé par les commissions du budget comme cela ressort de la lecture des rapports que je viens de citer.

Et, en effet, pendant un certain nombre d'années, l'industrie privée fut favorisée de quelques commandes de la Guerre et de la Marine.

C'est ainsi que les fabricants français de cartouches pour armes portatives de guerre eurent à livrer à l'Etat *251 millions* d'étuis métalliques par commandes successives échelonnées sur les années 1874 à 1879.

Mais à cette époque, l'Etat ayant terminé l'installation complète d'usines militaires pour la fabrication des munitions, cessa brusquement de s'adresser à l'industrie privée, ce qui autorisa M. Wickersheimer, en 1889, à écrire, dans son rapport sur le budget de la guerre pour 1890 :

Actuellement l'artillerie fait elle-même toutes ses cartouches, *contrairement à la volonté depuis longtemps exprimée par la Chambre des députés.*

L'expérience de 1870-71, si chèrement achetée, nous prouve d'ailleurs que, pour que le pays puisse satisfaire aux demandes énormes du département au moment d'une guerre (lesquelles en raison des consommations journalières dans les combats, pertes ou avaries, de l'enlèvement de convois, etc., atteindront des proportions formidables), il est nécessaire de posséder dans le pays une industrie outillée par avance et habituée à la fabrication qu'on lui demande.

La fabrication d'Etat doit cependant être maintenue, d'une part pour conserver des moyens de comparaison et de l'autre pour éviter la hausse des prix par l'industrie, au moment où elle n'aurait plus à supporter la concurrence de l'Etat.

Ces principes ont toujours été ceux de la Chambre, ainsi qu'il résulte de l'examen des rapports de la commission du budget. *L'artillerie, sur ce point, s'est toujours soustraite aux obligations qui lui étaient imposées par le Parlement.*

La supériorité de l'industrie privée sur l'Etat est d'ailleurs si bien reconnue qu'un ministre de la Guerre, le général Campenon, a pu dire :

« *L'Etat produit plus mal, moins vite, plus cher que l'industrie privée.* »

M. de Lanessan, qui fut ministre de la Marine, écrivait de son côté, il y a peu de temps, dans le *Siècle* :

Quoi qu'on fasse, l'Etat ne sera jamais qu'un mauvais industriel. Je pourrais citer, parmi les faits récents, à l'appui de cette observation, l'histoire d'une arme pour laquelle l'artillerie de la guerre a dépensé plusieurs millions sans aboutir à aucun résultat, tandis que l'industrie privée lui offrait la même arme déjà poussée au plus haut degré de perfection et qu'on pouvait fabriquer tout de suite en grande quantité.

Et un illustre auteur militaire, qui avait été ministre avant lui, le général Lewal, a écrit, dans ses *Lettres à l'armée*, qu'il fallait « remplacer, dans le plus grand nombre de cas, la confection directe par des appels à l'industrie, *en position de faire mieux, plus vite et à meilleur marché que l'Etat* ».

La conclusion de tout cela est qu'il conviendrait que l'industrie privée ait une large part dans les commandes de l'Etat, ainsi que la commission du budget de 1878 l'avait demandé par l'organe de Gambetta :

« Cette solution, disait le grand patriote, n'est pas seulement conforme à l'équité, elle est commandée par l'intérêt de l'Etat, car il importe de ne pas laisser tomber des industries et fermer des usines dont le concours en temps de guerre pourrait être précieux. »

Ce qui était vrai en 1878 n'a pas cessé de l'être en 1907.

Quand éclata l'affaire du Maroc, l'administration de la Guerre dut s'adresser de nouveau, quoi qu'elle en eût, à l'industrie privée pour se pourvoir de cartouches dont elle avait besoin. La commande date du commencement de 1906 et comportait 25 millions de cartouches.

L'exécution de cette fourniture s'est accomplie dans des conditions réellement exceptionnelles. *Aucun lot n'a été rebuté.* L'administration de la Guerre a bien voulu le reconnaître et en a transmis le témoignage officiel aux fabricants (1).

____

(1) Elle leur devait d'autant plus ce témoignage, qu'à la même époque, elle était obligée de reprendre plusieurs millions de cartouches fabriquées par elle-même et que les commissions de réception avaient jugées imparfaites, voire dangereuses !

Mais, le moment critique une fois passé, adieu l'économie, la prévoyance et la justice : la direction de l'artillerie a décidé derechef qu'elle était seule capable elle-même de pourvoir aux besoins de l'armée !

Et savez-vous comment elle y pourvoit ? C'est ici peut-être l'exemple le plus éclatant de son incurie coutumière, des malfaçons où elle se complaît et des gaspillages effrayants qu'elle se permet.

Lisez ! L'histoire est brève ; mais elle est édifiante.

On s'est aperçu, depuis quelque temps, que dans les tirs d'essai faits par des mitrailleuses de l'un ou l'autre système, nos cartouches d'infanterie se désamorçaient souvent et enrayaient la pièce.

Comment cela s'était-il fait ? Jamais pareil accident ne s'était produit auparavant avec la cartouche du fusil modèle 1886 !...

On découvrit alors que la Direction de l'artillerie, sous prétexte d'empêcher que des explosions se produisissent dans le magasin du Lebel, avait modifié, *sans prendre aucun avis*, le fond de la douille de cuivre. Elle avait disposé autour du couvre-amorce une gorge circulaire, destinée dans sa pensée à recevoir la pointe de la balle D de la cartouche suivante, quand les cartouches sont rangées les unes derrière les autres dans le magasin.

Malheureusement, l'existence de cette gorge empêchait que le couvre-amorce fût aussi fortement maintenu que dans la cartouche ordinaire, et le moindre heurt le faisait sauter.

Mais était-elle du moins nécessaire pour empêcher les accidents — qui ne se sont jamais produits — quand nos fantassins manient leur fusil avec un peu de rudesse ? On voulut s'en rendre compte.

Des expériences furent faites à l'Ecole normale de tir, avec des Lebel remplis de cartouches ordinaires. On les laissa tomber rudement, la crosse en bas, sur le sol des routes, sur la terre gelée, sur la pierre ; on augmenta progressivement les hauteurs de chute ; on multiplia les chocs, les coups, les secousses de toutes sortes, les plus violentes, les plus improbables même !... Et, chaque fois, quand on ouvrait le magasin, on retrouvait les cartouches à peine marquées d'une légère éraflure, leur couvre-amorce intact, et l'on pouvait ensuite les tirer les unes après les autres.

Mais en revanche, avec la cartouche à gorge inventée par la Direction d'artillerie, les décapsulages étaient extrêmement fréquents, dans le fusil *secoué* comme dans la mitrailleuse.

Voilà donc une cause entendue, n'est-ce pas ? On va renoncer à transformer un système qui fonctionne à merveille en un système qui fonctionne très mal ? On va se remettre à fabriquer la cartouche dont le couvre-amorce ne produira plus d'enrayage ? On va supprimer la gorge, absolument nuisible d'après l'Ecole normale de tir ?

Vous vous trompez ! La Direction de l'artillerie continue de commander à ses ateliers des cartouches à gorge, qui ne vont ni dans les fusils ni dans les mitrailleuses ! Elle en a fait confectionner plusieurs centaines de millions depuis que leur mauvaise qualité a été reconnue ; mais tant qu'elle n'aura pas dépensé tous les crédits destinés à entretenir notre stock de munitions, soyez certain qu'elle s'obstinera, imperturbablement, à bourrer nos magasins à munitions de cartouches défectueuses qui nous causeront peut-être un jour les plus graves mécomptes.

Les observations des fantassins, cela ne compte pas !

Les avis de l'Ecole normale de tir, cela ne compte pas !

Les remontrances du Parlement, cela ne compte pas !

Les volontés du Ministre, cela ne compte pas !

L'intérêt général, cela ne compte pas !

La Direction de l'artillerie, dans la lutte insensée qu'elle a entreprise pour demeurer l'arbitre unique de ce qu'il faut à la France, méconnaît toute autorité, oublie que son principal devoir est de ménager les ressources du pays et de n'appliquer les fonds dont elle dispose qu'à des objets d'une utilité incontestable et reconnue par tous.

Elle tient son propre comité en interdit ; elle met l'infanterie en pénitence ; elle refuse à l'armée un indispensable instrument de combat ; elle fait des virements scandaleux ; elle use jusqu'au dernier sou les crédits votés; non pas pour faire œuvre utile, mais pour les employer complètement et afin qu'on ne les lui « rogne » pas l'année suivante. Elle désobéit au Ministre qui est son chef et lui dissimule le plus souvent tout ce qu'elle fait.

Elle se conduit enfin de telle sorte que, si au lieu de faire partie d'une grande administration de l'Etat elle dépendait d'une entreprise privée, son patron la briserait dans les vingt-quatre heures et lui demanderait des comptes sévères...

Est-ce vraiment une raison, parce que c'est la France qu'elle ruine, pour qu'on la laisse faire plus longtemps ?

Depuis trois ans, elle a réussi péniblement à fabriquer deux cents mitrailleuses qui sont à refaire, et elle est hors d'état d'assurer la prompte exécution en grand de son propre modèle, le jour où elle en aura enfin trouvé un qui soit tout à fait acceptable.

Mais l'argent des contribuables n'en est pas moins gaspillé par elle avec un infatigable entrain.

Et pendant ce temps-là, le nouveau généralissime de l'armée française multiplie en vain les demandes auprès du ministre pour obtenir les 2,000 mitrailleuses dont il a besoin... et pour lesquelles les crédits ont été accordés !

IV

NOS PLACES FORTES

Comment est protégée notre frontière de l'Est

Les patriotes qui me lisent ne savent pas encore toute la vérité. Après ce qu'ils viennent d'apprendre, il leur reste d'autres révélations douloureuses à entendre, d'autres humiliantes découvertes à faire. Le mal que j'ai signalé dès les premières pages de ce livre a de si profondes et vivaces racines, en effet, que, plus on creuse, plus on en met au jour, et je mentirais à ma promesse, je ne remplirais pas tout mon devoir, si j'hésitais maintenant à montrer les suprêmes périls créés par la négligence de quelques chefs et par l'incohérence des bureaux, malgré les dévouements de tant de braves serviteurs du pays et malgré les sacrifices considérables consentis chaque année par la nation.

Cette même complication de rouages administratifs encombrants et inutiles, que j'ai dénoncée plus haut ; cet esprit de corps, obstiné, malfaisant et criminel, que je viens de démasquer à propos de l'affaire des mitrailleuses ; ce morcellement infini du pouvoir, qui s'émiette entre les mains du Ministre et que se disputent les directions, les comités, les sections, les commissions, les inspections, tout cela n'a pas eu seulement pour résultat de susciter des jalousies, des rancunes, des lenteurs d'exécution dans le service, des défectuosités dans notre armement, d'inquiétants retards dans nos progrès militaires : un tel régime nous précipite infailliblement à la ruine, car il nous réduit à l'impuissance.

Les fautes que j'ai déjà énumérées ne sont rien, si je les compare aux véritables crimes contre la patrie qu'ont laissé commettre sur notre frontière de l'Est les hommes responsables de la mise en état de défense du territoire national.

Il semble cependant que, dans cette région de la France, au moins, les organisateurs de nos forces auraient dû imiter les soldats et les officiers qui s'appliquent avec une si merveilleuse intelligence et un dévouement si parfait à nous constituer des régiments modèles. Il semble que la même émulation aurait pu s'emparer d'eux et nous valoir des forteresses irréprochables, pourvues de tout ce que l'art de la guerre a inventé de plus efficace et de plus sûr.

Eh bien, non ! Nous avons des divisions de fer, mais nous avons des places fortes de carton ; nous avons des artilleurs incomparables, mais des batteries de position qui ne pourraient tirer un coup de canon ; nos quatre grands camps retranchés de l'Est, au lieu de posséder tout ce qui ferait d'eux à la fois des centres de mobilisation, des pivots de manœuvre et des réduits de défense à l'abri des atteintes de l'ennemi, ne sont à la hauteur d'aucune nécessité, voient leurs ouvrages à la merci d'un coup de main et tombent même quelquefois en ruines avant d'être achevés !...

Je rougis pour mon pays d'avoir à écrire de pareilles choses ; mais je rougirais pour moi-même de ne pas oser les publier, puisqu'elles sont vraies. J'ai recueilli, dans une longue et minutieuse enquête de plusieurs mois tous les faits que je vais citer. Aucun d'eux ne peut être contesté : ils ont au contraire été confirmés en masse et en détail par les inspections hâtives de certains généraux, du généralissime, du sous-secrétaire d'Etat et du ministre lui-même, depuis que mes dossiers ont été entr'ouverts, soit à la tribune du Parlement, soit devant certains bureaux de la Chambre et devant la Commission du budget.

On me dit : « Vous avez tort de dévoiler nos points faibles, de proclamer nos erreurs ! » Sottise ! Car ces erreurs et ces points faibles sont précisément connus de tous ceux qui peuvent être nos adversaires : il n'y a que nous qui fermions les yeux pour ne point les voir. Pour réparer tout cela, ce ne sera pas trop, désormais, d'une action gouvernementale résolue et vigoureuse, s'associant à l'esprit de sacrifice et à la générosité que les représentants du pays n'ont jamais marchandés quand on leur a demandé des subsides. Mais, pour provoquer une telle œuvre de redressement, il faut que le public soit averti, et qu'il sache tout, absolument tout !

C'est pourquoi je parle. C'est pourquoi je continue sans hésitation et sans faiblesse l'œuvre douloureuse que j'ai commencée. C'est pourquoi, après avoir indiqué au siège même du ministère, nos véritables causes d'infériorité, je veux montrer quelles lacunes subsistent dans notre appareil défensif, et comment notre frontière est gardée.

Nous ne sommes plus au temps du maréchal

Lebœuf, et je tiens à dire où il manque des « boutons de guêtre ».

* * *

Le 2 octobre 1906, tous les gardiens de batterie des forts et ouvrages du camp retranché de Verdun ont été réunis à la Direction d'artillerie. On leur a donné lecture d'une note mise au Rapport et disant que « le capitaine Humbert (député de la circonscription et membre de la commission de l'Armée), n'avait pas le droit d'entrer dans un fort quelconque sans autorisation du gouverneur, *alors même qu'il serait porteur d'un ordre du ministre* ».

Dans le cas où je serais entré dans un fort avec l'agrément, non seulement du ministre, mais encore du gouverneur (et je n'ai jamais manqué de m'y faire autoriser par lui), il était d'ailleurs expressément enjoint aux gardiens de ne pas répondre à mes questions et de « *feindre l'ignorance totale sur n'importe quel sujet* ». « M. Humbert, concluait ce document, même s'il est autorisé à visiter, n'a pas le droit de faire des recherches ou des enquêtes. »

Vous devinez quel prétexte on invoquait pour empêcher de la sorte un membre du Parlement de vérifier comment sont employés les fonds du budget de la guerre : c'était la nécessité du *secret*, du fameux secret de la Défense nationale, qui n'existe pas du tout, comme on sait, en dehors des voies et moyens de la mobilisation, mais qu'il faut garder jalousement tout de même, parce que cela est plus commode pour faire ce que l'on veut. Nos rivaux savent aussi bien que nous ce qui se passe de notre côté de la frontière (comme nous savons aussi bien qu'eux ce qui se passe du leur) ; mais cela n'empêche pas qu'on invoque sans cesse le secret, chez nous du moins, *afin de se mettre à l'abri des légitimes investigations des contribuables et de ceux qui les représentent.* Ce n'est d'ailleurs pas là un défaut particulier à tel ou tel gouverneur de forteresse, à tel ou tel général : c'est une tradition constante, dans notre département de la guerre. Je n'en veux pour preuve, entre beaucoup d'autres, que le petit incident que voici :

Un jour, j'ai demandé au ministère, au début de 1907, que l'on voulût bien me communiquer le plan des fortifications de Verdun *élevées par Vauban.* Je ne pensais pas être indiscret en cherchant à savoir comment le génial serviteur de Louis XIV avait compris la défense d'une place frontière de cette importance et bâti des murs qui tiennent encore, tandis que les nôtres s'écroulent. J'atteste, en tout cas, que je ne voulais pas faire de ces documents un mauvais usage : il s'agissait seulement, pour moi, de préparer avec un peu de soin la modification d'un quartier de la ville que j'ai l'honneur de représenter.

La Direction du Génie m'a néanmoins refusé cette communication, en invoquant le secret de la défense nationale. (La défense nationale au XVIIᵉ siècle ! je n'y avais pas pensé.) Je ne me suis point découragé : rebuté par la Direction, je me suis adressé au ministre lui-même. Le général Picquart a du bon sens et il est de plus très courageux. Il trouva ridicule cette cachotterie deux fois séculaire et osa le dire. Il osa même donner l'ordre à la Direction du Génie de me communiquer les parties du plan qui m'intéressaient...

Mais, pendant ce temps-là, je me l'étais procuré *tout entier* dans une ville assez voisine de la mienne et qui est une place forte aussi, mais qui n'appartient plus, hélas ! à la France. *Je l'avais reçu de Metz !*

Le prétendu « secret de la Défense nationale » était donc entre les mains de nos voisins, qui ont naturellement profité de l'occupation de notre territoire pour exécuter, en 1872-73, tous les levés intéressants pour eux.

Notre Direction du Génie l'ignorait-elle ? Je ne crois pas. Elle devait le savoir ; mais cela est si commode et si simple de mettre mystérieusement un doigt sur ses lèvres et de se retrancher derrière des cartons d'archives, fussent-ils vieux de plus de deux cents ans, pour empêcher un membre du Parlement, — un intrus, — de relever la forme d'un bastion !

Cela ne m'a pas empêché, au surplus, dans d'autres circonstances, de voir et de savoir ce que je voulais — et ce que les bureaux ne voulaient pas que je connusse.

Aussi n'ai-je aucun scrupule à le raconter ici, malgré eux. C'est la France d'autrefois, apparemment, qu'ils continuent à défendre ; c'est la France d'aujourd'hui, moi, que je veux servir de toutes mes forces !

***

Nous avons, tout le monde le sait, quatre grands camps retranchés et une série de forts d'arrêt, pour jalonner notre système défensif sur la frontière désormais ouverte, depuis que nous n'avons plus la ligne du Rhin ni celle des Vosges. Ces camps retranchés sont : Verdun, Toul, Epinal et Belfort.

Ces places fortes jouent un rôle important, un double rôle, au début d'une guerre.

Dans les quinze premiers jours qui suivent la cessation de l'état de paix, elles servent à protéger les opérations de la mobilisation. Il faut donc qu'elles soient assurées contre tout coup de force, contre toute attaque soudaine, fût-elle la plus furieuse ou la plus traîtresse. Si elles ne sont pas capables par elles-mêmes de se défendre contre une telle surprise, les troupes de couverture, destinées à former la tête des armées d'opération, seront obligées de se porter à leur secours, afin d'éviter que, dès le début de la campagne, nos plus importantes places d'armes tombent au pouvoir de l'ennemi. Ce sera l'éparpillement de nos forces ; le rideau couvrant nos arrivages de réserves et de matériel sera déchiré, nos manœuvres de rassemblement seront démasquées, compromises, livrées à la merci d'un adversaire qui pourra y jeter le désordre et la panique par des incursions répétées de cavalerie et d'artillerie légère.

Il faut donc que la place forte ait à la fois une garnison *à elle* et un armement suffisants pour tenir l'adversaire en respect et pour remplir, sans attendre aucune aide extérieure, cette première partie de son rôle.

Elle y aura satisfait si, pour la réduire, l'ennemi est obligé d'amener devant elle un parc de siège, car alors elle l'aura contraint à immobiliser des régiments, des pièces et tout un convoi exigeant environ six mille chevaux.

En outre, elle aura gagné du temps.

Pendant ce temps-là, nos troupes de campagne, si elles font de leur côté tout leur devoir, c'est-à-dire si elles sont bien conduites, défendront efficacement la fortune et l'honneur du pays.

On voit donc bien ce qu'il faut attendre des quatre grandes places fortes de l'Est. Elles forment pour ainsi dire, à la limite provisoire de la France, les clous où s'accroche le rideau destiné à couvrir notre mobilisation. Qu'un d'entre eux soit violemment arraché : le rideau tombe aussitôt, l'ennemi voit clair chez nous et peut diriger sûrement ses coups de manière à couper nos routes, à gêner nos rassemblements : il aura jeté le désordre dans nos troupes avant de les avoir rencontrées ; il aura la victoire avant d'avoir livré bataille.

Eh bien, cela dit, regardons maintenant comment nos camps retranchés de Verdun, Toul, Epinal et Belfort sont mis à l'abri des coups de l'assaillant ! Voyons comment on s'est arrangé pour qu'ils puissent résister tout seuls ! Voyons quelles garnisons ils possèdent, quel armement, quel outillage de toute sorte...

Et ne limitons même pas notre enquête à ces quatre forteresses de premier rang : voyons les autres aussi, celles de seconde ligne ! Voyons-les toutes, et comparons les ressources dont elles disposent pour notre salut aux sacrifices immenses et sans cesse renouvelés que le pays a faits pour qu'elles fussent imprenables.

Les garnisons

Tout d'abord, le personnel de défense est absolument insuffisant. Ce sont les quatrièmes bataillons d'infanterie qui forment le noyau de leur garnison : c'est déjà un effectif trop faible ; mais, de plus, le recrutement de cette troupe est pitoyable. Tous les ans, et dans les six mois qui suivent l'incorporation de la classe, il y a de 6 à 10 0/0 des hommes qu'il faut réformer. Les portions principales des régiments, qui sont tenues de maintenir au complet l'effectif des 4ᵉˢ bataillons, leur envoient les soldats les plus éclopés, les moins propres à faire un service actif. Des réclamations sans nombre se sont produites à ce sujet : jamais elles n'ont reçu aucune satisfaction. Les bureaux sont sourds et aveugles. On dirait que ces tyrans anonymes de l'armée française s'attachent à n'affecter à la défense des places fortes... que des hommes faibles! On peut ajouter d'ailleurs qu'il est particulièrement inhumain de placer des gens malingres et des valétudinaires dans les rudes conditions de la vie de forteresse.

En outre, à Verdun et à Toul, les effectifs d'artillerie de forteresse sont notoirement insuffisants. Tout le monde en convient, à l'Etat-major de l'armée comme ailleurs. Mais aucun changement n'est apporté à cette situation grave. Le général Brugère, quand il était généralissime, a demandé à maintes reprises à différents ministres le doublement des bataillons d'artillerie à pied affectés à la défense de la frontière. Non seulement on n'a pas donné satisfaction à ses demandes réitérées, mais encore le nombre des batteries à pied affectées à toute la région de l'Est a été depuis notablement diminué (1).

De même, les gouverneurs de nos camps retranchés et certains généraux en chef ou inspecteurs d'armée, ont demandé avec insistance l'affectation d'un groupe d'artillerie de campagne de l'armée active (12 pièces), à chacun de nos camps retranchés, — car, il faut bien

(1) De 1900 à 1907, le nombre des batteries à pied des places de l'Est et du Nord-Est a été diminué d'une quinzaine.

qu'on le sache, il n'y a, pour assurer la défense mobile, dans ces forteresses, que des batteries de la réserve ou de la territoriale.

Mais les bureaux ont considéré ces demandes répétées comme lettre morte. Bien mieux, alors que les directions de l'infanterie et de la cavalerie s'appliquent patriotiquement à maintenir au complet leurs cadres d'officiers dans l'Est (1), la direction de l'artillerie, elle, laisse sans chefs des groupes importants de batteries de couverture. C'est le cas de l'artillerie de la 42e division d'infanterie, à Verdun, où les deux chefs d'escadron manquent depuis le début de l'année ; c'est le cas du groupe de Remiremont où le chef d'escadron a manqué durant tout l'hiver dernier ; c'est le cas d'un des groupes d'Héricourt où le chef d'escadron manque encore actuellement, etc...

Et pendant ce temps, des régiments d'artillerie, qui tiennent garnison... à Versailles, par exemple, ont cinq chefs d'escadron présents pour quatre groupes...

Certains secteurs de nos places fortes de l'Est

______

(1) Il est indispensable d'accorder au plus tôt, aux officiers des garnisons-frontières certains avantages, tant au point de vue pécuniaire qu'au point de vue de l'avancement. Tout le monde est d'accord pour reconnaître le bien fondé de ce desideratum, mais jusqu'ici rien n'a été fait dans ce sens. Il faudrait cependant aboutir !.....

sont commandés, en temps de guerre, par des généraux du cadre de réserve avec des adjoints ayant également quitté le service actif. Ni les uns ni les autres, ceci est à la lettre, ne connaissent la position qu'ils auraient à défendre.

Et comment la connaîtraient-ils ? Pour se faire une idée à peu près exacte des ressources dont dispose une place ou une fraction de place où l'on devra diriger la défense, il faut l'avoir étudiée de près pendant au moins quatre mois. — Or, ils y ont à peine servi...

Ni les emplacements de leurs batteries, ni les vues qu'elles ont, ni les munitions dont elles disposent, ni le repérage des points environnants, ni le réseau des routes d'alentour, ni les ressources du pays, ni les voies d'accès, ni la valeur des fortifications, ni l'esprit des troupes ou de la population, ni l'approvisionnement en vivres, — rien ! ils ne savent rien !

Et même, en supposant qu'un général du cadre de réserve ait été convoqué pour quelques jours afin d'assister à des manœuvres de forteresse, sera-ce suffisant pour qu'il puisse être à la hauteur de la tâche immense qui lui incomberait en cas de guerre ? — De l'avis de tous les hommes du métier, la réponse doit être absolument négative.

Parmi les 110 généraux en activité mais

sans soldats que nous comptons en France, il en est pourtant quelques-uns, sans doute, que l'on aurait pu affecter dès le temps de paix à l'étude et à la garde permanente de ces places qui sont d'une importance de premier ordre pour la sécurité du pays ; on aurait pu en désigner une douzaine qui auraient été un peu plus utiles dans de tels postes qu'à la présidence des comités ou des commissions qui les retiennent à Paris dans une oisiveté dorée ; — mais c'est une idée que l'on n'a pas eue, ou bien, quand elle est venue par hasard à l'esprit d'un ministre, elle a été repoussée avec horreur par le grand chef désigné pour une aussi honorable fonction, qualifiée par lui de « tuile imméritée » (1).

Pour la direction de tous les services de la défense, c'est même incohérence et pareille incurie. Un exemple entre cent autres, qui ne touchera pas aux secrets de la mobilisation : l'inspecteur chargé du service télégraphique du département de la Meuse, le seul qui connaisse à fond toutes les lignes de cette partie de notre réseau et dont la présence à la frontière serait indispensable, disparaît en cas de mobilisation pour aller dans la Côte-d'Or. Il pourrait

(1) Voir plus haut, page 67.

rendre d'éminents services au poste qu'il connaît à merveille : alors, on l'envoie à Dijon !

Et les simples télégraphistes militaires qui, dans les forts d'arrêt, seront chargés de renseigner le commandement de la place ou de recevoir ses ordres sous forme de dépêches, savez-vous comment on les a choisis, pour être bien certain que les transmissions soient correctement faites, qu'aucune erreur ne soit commise — la moindre faute de lecture, la moindre bévue orthographique pouvant avoir en pareil cas les conséquences les plus fatales ? — On a pratiqué une sélection si intelligente qu'un certain nombre d'entre eux sont illettrés, hors d'état par conséquent de se servir des appareils mis à leur disposition.

Les services locaux de Verdun ont signalé cette scandaleuse étrangeté au Ministère de la Guerre. Il leur a été répondu par une fin de non-recevoir absolue : on leur a dit que si l'on rappelait ces hommes illettrés, on ne les remplacerait pas par d'autres !

Les services ont préféré les garder : ils servent au moins à nettoyer les vitres et à balayer le plancher du bureau !...

Il y aura eu peut-être un mouvement d'incrédulité chez mes lecteurs, en lisant ce qui précède. Qu'ils se gardent, cependant, de douter ! M. le général Hagron, lui-même, a noté le fait dans le rapport qu'il a envoyé au Ministre après sa dernière tournée d'inspection !...

Mais, pour en revenir aux garnisons proprement dites, au personnel même de la défense et pour montrer que l'imprévoyance est partout, je citerai seulement deux anomalies caractéristiques.

A Longwy et à Montmédy, places fortes que l'on conserve avec raison, il faut immédiatement doubler les garnisons, c'est-à-dire y ajouter un bataillon d'infanterie, une batterie d'artillerie de forteresse et, en plus, une batterie de 75 de l'active.

De nombreuses demandes en ce sens ont été faites par des généraux en chef ou inspecteurs; naturellement elles n'ont reçu aucune sanction.

Il y a à Longwy cent cinquante pièces de canon ; on pourrait bien en cas de guerre en tirer une douzaine. C'est une proie toute prête pour un ennemi entreprenant.

Et Montmédy qui est maîtresse de la voie ferrée Sedan-Longuyon ! Rien n'a été fait pour la mettre en état de nous conserver cette ligne au début de la mobilisation, et d'assurer le rôle qui lui est dévolu.

Mon ami, M. Lefébure, à la tribune, a patriotiquement appelé l'attention du Ministre de la

Guerre sur cette situation. Son intervention est jusqu'ici restée sans effet.

Des projets ont été cependant établis : qu'on se hâte donc de les étudier, au cas où ils n'auraient pas été jetés au panier ! Qu'on fasse quelque chose pour ces deux places d'extrême frontière ; ce sera certainement plus intéressant que de réparer, dans certaines villes, des murailles construites par Vauban et qui ne servent plus que de promenades publiques, ou de gaspiller notre argent sur quantité de points du territoire, sous prétexte de défense nationale, mais en réalité, pour justifier le maintien d'un nombreux personnel dans les directions de l'artillerie et du génie des villes éloignées de la frontière.

A toutes les propositions relatives à l'augmentation des garnisons dont je viens de parler les bureaux pourront répondre, comme ils l'ont déjà fait, qu'ils manquent, soit de crédits, soit d'effectifs.

Pour les crédits, je leur ferai observer qu'ils ont obtenu tous ceux qu'ils ont demandés. Jamais, il faut le répéter encore, jamais aucune Commission du budget ni aucune Chambre ne leur ont refusé un centime. Seulement, au lieu d'appliquer intelligemment les centaines de millions mis à leur disposition pour assurer la défense nationale, les bureaux les ont, en très grande majorité, gaspillés.

Donc la question d'argent n'existe pas et si l'administration de la guerre demande demain de nouveaux millions pour réparer ses erreurs ou ses oublis, ces millions lui seront accordés immédiatement.

Quant aux effectifs, il lui est très facile de trouver, si elle le veut — et il faudra bien qu'elle le veuille ! — la douzaine de milliers d'hommes nécessaires pour assurer la garde et la défense de nos places fortes de la région de l'Est et de nos forts d'arrêt. Pour cela, elle n'a qu'à remplacer en Afrique par l'infanterie coloniale et l'artillerie coloniale en garnison à Brest, Cherbourg, Lorient, Rochefort et Paris, les quatre régiments de zouaves et l'artillerie du 19e corps.

Ces quatre régiments de zouaves viendraient tenir garnison dans le sud de la France, à Marseille, Antibes, Nice, etc., et les quatre régiments qu'ils remplaceraient, ainsi que l'artillerie devenue disponible, formeraient les 12,000 hommes indiqués.

Nulle loi n'est pour cela nécessaire. Une simple décision du ministre suffira.

Et si l'on veut placer de nouvelles troupes dans nos ports de guerre, en sus de celles qui sont affectées normalement à leur défense en temps de guerre, il faudra que certains de ces ports, Brest et Cherbourg, par exemple, soient mis dans l'obligation de construire des casernements pour remplacer les bouges où nos hommes sont logés.

Ces modifications à la répartition de nos troupes, outre qu'elles assureraient désormais efficacement la garde de nos frontières, procureraient au pays de sensibles économies.

La télégraphie

J'ai dit un mot tout à l'heure, en passant, du personnel des télégraphistes petits ou grands, appartenant à l'armée ou à l'administration civile, et qui, parce qu'ils tiennent en mains les moyens de communiquer avec le Gouvernement ou avec les généraux en campagne, devraient former, on peut le dire, le corps d'auxiliaires le plus précieux de la défense.

Mais je n'ai pas encore parlé du matériel dont ils auraient à se servir !

La France a dépensé, depuis quelques années, une quinzaine de millions pour établir dans la région de l'Est des lignes télégraphiques souterraines. On avait démontré, sans peine, au Parlement que des fils aériens, supportés par des poteaux, seraient facilement détruits dès les premières heures de la mobilisation par de simples pelotons de cavalerie ennemie, exécutant à grande vitesse vers les points désignés d'avance des raids audacieux, afin d'abattre les poteaux et de couper les fils. Dociles et confiants, comme toujours quand il s'agit de la défense nationale, les représentants du pays ont voté les crédits nécessaires, et l'on s'est mis à enfouir dans le sol les précieux conducteurs par où se précipiteront un jour les ordres et les nouvelles de la guerre.

Depuis lors, nous avons dormi sur nos deux oreilles, certains que nul ne pourrait plus empêcher nos gouverneurs de places fortes de communiquer entre eux, ou avec le Ministre. Des instructions sévères furent données aux préfets, aux agents voyers, aux maires, et par les maires aux gardes champêtres, afin d'empêcher que les cultivateurs, par des fouilles inconsidérées ou d'imprudents drainages, missent à mal ces installations mystérieuses d'où dépendra un jour la fortune de la France.

Quand par hasard l'un d'entre eux levait la pioche ou poussait la bêche du côté de la ligne cachée, — soucieux malgré tout de ne laisser sans la retourner aucune parcelle de sa terre, — on lui criait : « Halte-là ! » Et il s'arrêtait aussitôt, résigné en fin de compte à perdre quelques bottes de foin ou quelques épis de blé, puisque cela pouvait être utile à la patrie...

Que dira-t-il, ce paysan, et que diront les autres contribuables, quand ils sauront que leurs sacrifices risquent fort d'avoir été faits en pure perte ?

Les lignes télégraphiques souterraines, en effet, fonctionnent très mal sur beaucoup de points, et *sur tous les autres elles ne fonctionnent pas du tout...*

Le bureau des télégraphes, à Verdun, était muni de vieux appareils démodés et incapables d'assurer les services de transmission en cas de mobilisation. Il m'a suffi de signaler cette situation au sous-secrétaire d'État des Postes et des Télégraphes pour que, dans les quarante-huit heures, ce matériel fût remplacé par des appareils perfectionnés.

Pourquoi est-ce donc toujours le député qui se voit obligé de faire combler ces lacunes impardonnables ?

Là encore, les services locaux avaient fait leur devoir ; mais les bureaux, comités, commissions, directions, inspections du ministère avaient étouffé leur demande.

A Verdun, toujours, le réseau électrique du tir de l'artillerie, dont le projet technique est arrêté dans tous ses détails depuis 1905, ne peut pas même être installé. *Le service local avait demandé, pour le monter, environ 700 kilomètres de fil : on ne lui en a donné que quelques dizaines de kilomètres !...*

Il en résulte que ce réseau, dont l'organisation est nécessairement longue et délicate, n'étant pas préparé en temps de paix et pouvant encore bien moins être improvisé lors d'une mobilisation, manquera tout à fait au premier camp retranché de France, et qu'aucune action d'ensemble de l'artillerie ne sera possible dans la place, en cas de guerre !

Pour parer à une partie des... inconvénients que je viens d'énumérer, j'ai demandé à la Commission du budget de la Chambre et j'ai obtenu d'elle un crédit de 250,000 francs destinés à installer la télégraphie sans fil dans toutes nos principales villes de l'Est.

J'ai cru bien faire, en signalant ainsi au Parlement la situation navrante qui nous est faite et c'est au public tout entier que j'en appelle maintenant, espérant que l'indignation nationale saura imposer aux bureaux du ministère un peu d'attention et de zèle pour l'entretien d'un de nos moyens de défense les plus essentiels, puisque c'est de lui que dépend l'usage que nous ferons de tous les autres.

Je m'en voudrais d'omettre ici que, tout en préparant des lignes souterraines qui ne fonctionnent pas, l'administration de la Guerre a conservé ses lignes aériennes qui fonctionnent, mal.

Ces dernières, maintenues en service pour assurer « en attendant » la transmission des dépêches officielles ou privées, sont si mal entretenues, en effet, et l'on s'inquiète si peu, depuis une demi-douzaine d'années, de savoir ce qu'elles deviennent, que les poteaux pourrissent et tombent de vieillesse, que les fils pendent, dépourvus de tout isolateur, et que, sur un point du parcours, l'un d'eux, usant par le frottement une branche d'arbre, s'y est solidement encastré. L'écorce a repoussé tout autour de lui, l'engainant, le fixant d'une manière définitive, et maintenant ce conducteur métallique traverse de part en part la branche vivante, chargée de feuilles, et oscille comme une balançoire à chaque mouvement de l'arbre où il est scellé.

Nous verrons tout à l'heure, au fur et à mesure de notre inspection dans les forts, si les télégraphes ou les téléphones intérieurs, chargés de transmettre aux défenseurs les avis ou les ordres de leurs chefs, sont en meilleur état que les lignes extérieures, aériennes ou souterraines destinées à communiquer les instructions du Gouvernement ou les nouvelles de la guerre !...

Les projecteurs

On sait maintenant que les Russes ont pu tenir de longs mois à Port-Arthur, grâce à leurs projecteurs qui, d'une part, leur dénonçaient les manœuvres de la flotte de l'amiral Togo et leur permettaient de les déjouer avec leur grosse artillerie, et qui, d'autre part, démasquant les colonnes d'infanterie lancées dans l'obscurité par le général Noghi, montraient comme en plein jour les passages à balayer à coups de mitrailleuses.

Dans la nuit, les projecteurs sont les yeux de la garnison. Sans eux, impossible de tirer, si ce n'est au jugé. Sans eux, aucun moyen de prévenir une surprise, de repousser une attaque au corps de place. Les Russes de Stoessel avaient cinquante projecteurs : — *Nos forteresses de l'Est n'en ont pas un seul !*

Interrogez, comme je l'ai fait, tous les officiers d'artillerie ou du Génie, jeunes ou vieux, de l'ancienne école ou de la nouvelle ; interrogez les commandants d'armes, les officiers généraux ; interrogez aussi les chefs de pièce, les pointeurs, les humbles servants qui suppléent quelquefois au savoir profond par l'expérience pratique et qui ne pourront peut-être pas vous dire quelle est la vitesse initiale d'un projectile, mais qui s'entendent parfaitement à le placer au bon endroit : — ils déclareront tous qu'un fort sans projecteurs ne peut plus tirer avec certitude un coup de canon, la nuit venue, contre un objectif mobile. Tout ce qu'il pourra faire, c'est battre sans le voir un point fixe, repéré à la clarté du jour en direction et en distance.

Eh bien, tous nos camps retranchés, toutes nos places fortes, toutes nos batteries de l'Est sont laissés ainsi, comme des aveugles, dans l'obscurité !

J'ai demandé encore à la Commission du budget un nouveau crédit pour hâter les travaux de construction et les achats destinés à réparer cet oubli monstrueux. Infatigablement, mes collègues ont consenti à doubler la somme de 500,000 francs inscrite déjà pour cet objet dans le projet du gouvernement. Va-

t-on en profiter ? Notre artillerie va-t-elle y
voir clair ? — Hélas ! J'ai bien peur qu'elle
éprouve encore quelques mécomptes ; car, dans
une de nos forteresses où trois projecteurs
vont enfin être installés, on adopte à la fois
trois types différents, de sorte que si l'un des
appareils ne donne pas toute satisfaction, il
sera impossible de le remplacer par un des
deux autres, le bâtis n'étant pas disposé pour
les recevoir !...

Ne vous étonnez pas de ce défaut d'entente :
c'est l'Artillerie qui fournit les projecteurs et
le Génie qui fait les piédestaux...

Mais il ne s'agit pas seulement de ces énormes appareils qui doivent être placés en dehors
des forts (afin de ne point servir à l'ennemi de
fanal pour régler son tir) il s'agit surtout de
petits projecteurs, peu encombrants, faciles à
déplacer, alimentés même tout simplement à
l'acétylène, et qui sont indispensables pour empêcher l'adversaire de couper dans l'obscurité
les réseaux de fils de fer, de faire sauter les bar-
ricades, les grilles et de déblayer enfin pour un
coup de force les abords de la place.

Ces simples engins de défense, qui coûte-
raient si peu et qui serviraient tant, la direction
de l'artillerie s'est-elle appliquée à les construire ou à les acheter ? — Nullement! De pa-

reilles misères ne sont pas dignes de l'intéresser...

Les bâtiments militaires

Un général gouverneur de Verdun, entre beaucoup d'affaires graves soumises par lui « à l'autorité supérieure » (c'est-à-dire, hélas ! aux bureaux du ministère), a envoyé, il y a déjà longtemps, un projet de casernement de secteur sur la rive gauche de la Meuse, « non seulement, disait-il, pour permettre de desserrer, en temps de paix, les casernements encombrés et malsains de la Place, mais surtout pour abriter en temps de guerre les troupes de la Défense, qui, dans l'état actuel des choses, *devraient s'installer à la belle étoile*, attendu qu'il n'existe aucun local où les mettre. »

Il faut croire que le dossier de cette affaire se promène toujours à travers les Commissions, les Sections, les Comités et les Directions, car aucune réponse n'a été donnée. Nos soldats continuent à vivre dans les conditions les moins hygiéniques, et si la guerre venait, on n'aurait pas de quoi loger, dans chaque secteur, les troupes chargées de la défense.

C'est encore la Commission du budget qui,

à défaut de l'administration de la Guerre, va faire, sur ce point, à la fois, œuvre militaire et œuvre d'humanité. Je lui ai rappelé, en effet, qu'un régiment d'infanterie de ligne et un bataillon de chasseurs à pied sont entassés dans des baraquements en bois complètement pourri, qui datent de l'occupation allemande et qui devraient être détruits depuis longtemps !... Je lui ai démontré que le reste du casernement est bien loin de répondre à toutes les prescriptions de l'hygiène moderne et ne satisfait pas du tout aux nécessités de la défense. Elle a, sur ma demande, voté une première annuité de 500,000 francs pour le remplacement des baraques et la construction de nouvelles casernes (dans lesquelles, il faut l'espérer, on n'oubliera pas cette fois les logements des sous-officiers.) Il sera bon aussi que l'on ne renouvelle pas l'étrange omission commise à la caserne Miribel, où il n'existe aucun égout pour l'écoulement des « eaux usées. »

Je souhaite, sans oser y compter tout à fait, que l'on n'imite pas, en bâtissant ces nouvelles demeures destinées à l'armée, les plans étranges que l'on adopta il y a quelques années, pour la caserne Chevert !... On n'avait pas d'argent pour construire cette dernière. Alors, on a imputé la dépense, — afin de tromper le contrôle parlementaire, mais non pas le Contrôle de l'armée, toujours complice de ces tours de main, — sur les travaux de fortification.

Est-ce pour cela qu'on a donné à la caserne l'apparence d'une bâtisse du XVᵉ ou du XVIᵉ siècle, temps heureux où l'arc et l'arbalète commençaient à céder timidement la place à l'arquebuse ?

Est-ce pour cela qu'on a élevé un mur extérieur garni de créneaux et de machicoulis, où manquent, à la vérité, les échauguettes et les gargouilles, mais qui, pour tout le reste, a l'air de défier les assauts des lansquenets du margrave d'à côté, au lieu d'être destiné à enclore les cours d'une caserne contemporaine ?

Toujours est-il que les terrasses de cette forteresse Louis XI laissent passer l'eau à travers leurs plaques de couverture ; que les murs, couverts de salpêtre, s'effritent et menacent ruine, après trois ans d'existence ; que l'infirmerie est inhabitable ; que les cuisines et les cantines ont leurs murailles couvertes de moisissures ; que la hauteur de plafond et le système d'aération des dortoirs appelleraient les plus rudes observations de la Commission civile des locaux insalubres ; que le magasin à poudre laisse entrer la pluie ; que tout logement fait défaut pour les sous-officiers mariés, qui sont obligés d'habiter à plusieurs kilomètres de là, et qu'enfin, — suprême déception! — il a fallu boucher avec du plâtre et des moellons les machicoulis ouverts à grands frais de toutes parts, afin d'épargner des rhumes tenaces aux factionnaires de l'extérieur ou aux soldats en manœuvre dans les cours!...

Il est vrai que les gens qui construisent pour le compte de l'armée, qu'ils appartiennent au Génie ou qu'ils soient de simples entrepreneurs civils, ne réussissent guère mieux, — gênés qu'ils sont par l'intrusion néfaste des bureaux — dans l'application des principes actuels que dans la résurrection des architectures d'autrefois. Je puis citer en exemple le magasin de réserve du 94ᵉ de ligne, installé dans de misérables baraques où il n'est protégé ni contre le feu ni contre le vol.

Je puis citer également les fours de la manutention. Le Génie qui les a bâtis doit savoir que ces fours s'abîment très vite, qu'ils ont souvent besoin de réparations et qu'il faut absolument les entretenir en bon état, puisque la nourriture de la troupe dépend de leur fonctionnement régulier. — Il n'y a cependant pas une seule brique réfractaire de réserve pour procéder à une réfection en cas de siège.

Parlerai-je, après les constructions destinées à fournir du pain à la garnison, de celle qui est destinée à lui donner à boire ? On a édifié des machines élévatoires, en effet, afin d'envoyer un volume d'eau suffisant dans les forts de la place. Seulement, elles ont été placées en dehors des limites du camp retranché, alors que la plus simple réflexion aurait dû commander de les mettre à l'intérieur et sous la protection même des ouvrages qu'elles doivent alimenter. La première opération de l'ennemi, consisterait, tout le monde le devine, à couper les conduites installées pour nous et à se servir ensuite des machines pour son usage particulier !...

Je dois dire que, sur mes observations un peu vives, on se hâte maintenant de déplacer tous ces appareills et de les ramener sous le canon de la place. Il n'en coûtera pas moins d'un demi-million, pour refaire tous les travaux et modifier toutes les canalisations. — Qui est-ce qui soldera, une fois de plus, la bévue commise par les bureaux ? — Le contribuable !

Usines frigorifiques

Il y a une quinzaine d'années, on a décidé d'installer dans nos places fortes des usines frigorifiques, destinées à pourvoir d'une quantité considérable de viandes toujours comestibles les garnisons privées de communication avec le dehors et de prolonger ainsi leur défense au delà des limites assignées d'ordinaire par l'impossibilité d'entretenir une énorme quantité de bétail sur pied. En 1894, les études étant achevées, on résolut de commencer par Verdun.

Le corps de bâtiment et la machinerie d'une usine furent installés par le service du Génie en 1894-95 et livrés ensuite au service des subsistances...

Malheureusement, l'emplacement choisi, à quelques mètres de la Meuse, était tout à fait défavorable, *et comme on avait oublié de creuser des fondations suffisantes et de les protéger efficacement contre les infiltrations du fleuve,* l'eau s'èst ouvert un chemin à travers le sol et jamais l'usine n'a pu fonctionner régulièrement.

Depuis 1901, elle ne fonctionne plus du tout.

Et cependant, tous les ans depuis lors, figure au budget du ministère de la Guerre (chapitre 42, Dépenses diverses), sous le titre *Fonctionnement de l'usine frigorifique de Verdun,* une somme de 4,000 francs, que pieusement votent les représentants du pays, sur la foi des affirmations des bureaux ! A quoi sert le Controle de l'armée si, depuis six ans, il ne s'est pas encore aperçu que cette somme est sans emploi et que, n'ayant jamais été comprise dans aucune annulation de crédit, elle doit former aujourd'hui une masse respectable d'argent, indûment prise aux contribuables pour un service public qui n'existe pas ?

Quel exemple plus frappant pourrait-on trouver, de ces mensonges budgétaires que l'administration ose imposer à la République ?

Le service de l'Intendance, en 1901, réclama les remaniements nécessaires pour remettre l'usine en état ; il fit valoir avec la dernière énergie l'urgence d'une solution ; il insista sans relâche...

De 1901 à 1906, les Comités, les Commissions, les Sections, les Inspections, les Directions de l'Intendance et du Génie délibérèrent, se transmirent des notes, des rapports, des procès-verbaux et cherchèrent, — en vain, — à se mettre d'accord pour savoir à qui incomberaient les réparations.

Le Génie se souciait d'autant moins de s'en charger que, en dehors de l'oubli des fondations dont j'ai parlé, il avait quelques menues erreurs à se reprocher encore. Ainsi, il avait employé à la construction des matériaux de qualité douteuse et dont les défectuosités apparaissaient maintenant d'une façon éclatante : sapin vert pour les revêtements au lieu de chêne sec ; isolateurs de rebut, etc... Il n'avait qu'un désir : se décharger complètement de cette affaire et des responsabilités qu'elle entraînerait peut-être, et mettre tout sur le dos de l'Intendance.

Pendant cinq ans, donc, on discuta, — cependant que l'usine achevait de se dégrader, — et de guerre lasse, pensant avant tout à l'intérêt public, l'Intendance accepta de faire exécuter elle-même les travaux de réfection et de mise en état. Il lui fut alloué, en 1906, une centaine de mille francs pour cet objet.

Les travaux furent dirigés par un officier d'administration de troisième classe du service de l'Intendance (sous-lieutenant). Il convient de rendre hommage à la courageuse bonne volonté de cet officier, à son intelligence et à son dévouement ; mais il me sera bien permis d'ajouter qu'une telle responsabilité n'aurait pas dû lui incomber et qu'il n'était nullement qualifié pour qu'on la lui imposât.

Il est vrai que l'on avait demandé au Génie un de ses officiers pour surveiller une entreprise qui était, certes, de sa compétence, et que la Direction du ministère avait répondu par

une fin de non-recevoir (ou de non-donner) catégorique, alléguant qu'elle n'avait plus rien
à voir en cette affaire...

Nous en sommes là aujourd'hui. L'usine frigorifique de Verdun est toujours arrêtée, toujours inutilisable. Elle a coûté environ douze
cent mille francs et il n'y a qu'un moyen de la
faire marcher, c'est de la démolir et de la reconstruire. Le chemin qui devrait y conduire
est d'un accès impossible aux voitures ; elle
n'est même pas reliée à la boucherie militaire
par une voie praticable.

Et à propos de cette boucherie, je ferai remarquer, en passant, qu'elle achète maintenant
à Paris, par monceaux, la viande destinée aux
ordinaires.

J'ai vu les arrivages quotidiens de cette
« viande à soldats » qu'apporte chaque matin
le train de 4 heures. Elle est distribuée immédiatement aux cuisines de compagnie, sans contrôle ni inspection, cela va sans dire. C'est une
marchandise répugnante : collets, bas morceaux de poitrine, arlequins et déchets de toutes
sortes. — Voilà ce qu'on donne en nourriture
à nos troupiers, à deux pas d'une boucherie
militaire où les pouvoirs publics avaient voulu
que l'on préparât pour eux une viande saine, à
deux pas d'une usine frigorifique où ils de-

vraient trouver, à défaut d'animaux fraîche-
ment abattus, des morceaux convenables, con-
servés avec soin !

Pendant les deux premières semaines de juin
1907, un seul commerçant de Paris a, de la
sorte, expédié à Verdun les quantités suivantes
de viandes suspectes ou de rebut :

Le 1er juin......................	424	kilos.
— 5 juin......................	521	—
— 6 juin......................	425	—
— 7 juin......................	327	—
— 8 juin......................	316	—
— 11 juin......................	473	—
— 12 juin......................	488	—
— 13 juin......................	511	—

Faut-il s'étonner, après cela, qu'il y ait eu
à la même époque, dans la garnison, de véritables empoisonnements sur lesquels, à la vérité, on s'est efforcé de faire le silence, mais
qui provenaient à n'en pas douter de l'ingestion
d'une nourriture malsaine ou corrompue ?

J'ai exposé ces faits au ministre de la Guerre,
qui en a reconnu l'exactitude et qui, indigné,
a donné les ordres les plus sévères pour que
désormais, conformément aux volontés maintes
fois exprimées par les Chambres, on fournît à
nos soldats une viande reconnue saine, abattue
dans les abattoirs de garnison.

Les services de santé

M. Maurice Berteaux, président de la Commission du budget et de l'armée ; M. Messimy, rapporteur du budget de la Guerre, et moi, nous nous sommes rendus au ministère de la Guerre, au mois de mars dernier, pour demander à M. le général Picquart l'inscription au budget de 1908 des crédits nécessaires à la construction d'un hôpital militaire à Verdun.

Voici en quels termes, dès le mois de janvier précédent, j'avais déjà entretenu le ministre de cette question et formulé la même demande :

Paris, 19 janvier 1907.

Monsieur le Ministre,

J'ai l'honneur d'appeler votre attention sur la situation lamentable dans laquelle se trouvent actuellement les militaires en traitement à l'hôpital mixte de Verdun.

L'effectif de la garnison de cette ville s'est augmenté progressivement depuis vingt ans (il est actuellement de 16,000 hommes), mais le nombre des places disponibles qui leur sont réservées à l'hôpital mixte est resté le même. Il se trouve inférieur des deux tiers à ce qu'il devrait être réglementairement.

Malgré les efforts de M. le général gouverneur, qui se dépense sans compter, malgré le dévouement de M. le médecin principal et de ses admirables sous-ordres, malgré le zèle inlassable des chefs de corps, malgré l'esprit de sacrifice du personnel hospitalier, l'état sanitaire de la garnison est très-mauvais (les infirmeries régimentaires sont bondées). S'il n'y a pas eu d'épidémie proprement dite à déplorer, le chiffre des malades est cependant considérable et cela en raison de la rigueur de la température.

Comme il y a 240 places réservées aux militaires à l'hôpital mixte et qu'il y a 350 soldats malades, voici à quelle extrémité vraiment incroyable en ont été réduites les autorités militaires pour procéder à leur hospitalisation.

Elles ont fait installer dans les cours de l'hôpital des tentes, des baraques en carton, dans lesquels, grâce à l'obligeance des administrateurs de l'hospice civil, on a placé des poêles. Ces appareils, bien que surchauffés, n'arrivent à dégager qu'une température de un degré au-dessus de zéro. Dans ces tentes et baraques, on a installé des lits sans matelas et c'est, par conséquent, sur des paillasses que reposent nos soldats atteints de pneumonies ou de bronchites.

Au sujet de cette situation si pénible, j'ai reçu des quantités de lettres, dont quelques-unes m'affirment que l'ex-petit séminaire de Verdun, a été, il y a une quinzaine de jours, demandé à votre administration pour suppléer à cette insuffisance de locaux.

Je dois vous dire que cet établissement pourrait contenir 100 lits, qu'il est admirablement placé, aéré, et qu'il suffirait, pour sa mise en état, de menues réparations, qui demanderaient quarante-huit heures.

On dépense des millions autour de Verdun pour des travaux, dont certains seraient absolument inutilisables en temps de guerre.

Il est fantastique de penser qu'on n'ait pas pu

trouver les quelques centaines de mille francs nécessaires pour la création d'un hôpital militaire dans notre premier camp retranché et il est plus scandaleux encore de constater que des soldats français meurent faute d'abris à côté de locaux vides.

J'espère, Monsieur le Ministre, que vous ferez le nécessaire pour qu'aujourd'hui même on améliore le bien-être de nos soldats malades, et pour que l'on évite à Verdun une épidémie toujours possible, épidémie qui constituerait un désastre.

J'ai sous les yeux une lettre d'un brave paysan breton, où il me déclare qu'il a donné à la patrie un enfant vaillant et sain, et que, faute de soins, l'armée lui a rendu un cadavre.

Ce paysan français, Monsieur le Ministre, était un patriote. Il devient un antimilitariste.

Je suis sûr, Monsieur le Ministre, que votre grande affection pour l'armée et votre dévouement pour la cause des humbles sauront mettre un terme immédiat à la situation douloureuse que je vous signale. Et dans cet espoir, je vous prie d'agréer l'assurance de mes sentiments les meilleurs et les plus dévoués.

Ch. HUMBERT,
Député de la Meuse.

Je n'ai rien à ajouter aujourd'hui à cet exposé véridique des faits, sinon que, grâce — une fois de plus — au concours de mes collègues, j'ai obtenu qu'une première annuité de 250,000 fr. fût consacrée en 1908 à l'établissement d'un hôpital militaire à Verdun.

Mais ne me sera-t-il pas permis de faire observer, une fois de plus aussi, à ce propos, que ce sont encore les représentants politiques du pays qui sont obligés de pourvoir à des nécessités auxquelles depuis longtemps les autorités militaires devraient avoir satisfait si leur activité, leur initiative et leurs meilleures intentions n'étaient sans cesse paralysées et annihilées par l'influence déprimante et délétère des bureaux?

Un seul chiffre suffira pour caractériser la stupide incohérence de cette administration qui devrait être un modèle d'ordre et de régularité :

Il existe à Verdun pour plus d'un million de francs de matériel du service de santé, consistant principalement en médicaments tout fabriqués ou en produits chimiques destinés aux manipulations de laboratoire ; mais *il n'y a pas un seul pharmacien militaire...*

En revanche, Paris, qui pourrait s'en passer, en compte une vingtaine !

Une gare de mobilisation

Est-ce que c'est nous, encore, qui aurions dû avoir besoin d'intervenir pour permettre aux trains d'arriver jusqu'aux quais de débarquement (1) indispensables à la mobilisation dans un camp retranché — quais d'ailleurs insuffisants et qu'il faut multiplier — ; pour supprimer un passage à niveau franchissant quatre voies parallèles, et qui rend impossibles les mouvements de troupes ; pour relier enfin à la ligne ferrée l'arsenal le plus important de la fontière ?

Est-ce que ce n'était pas le rôle et le devoir des chefs militaires d'affirmer, de prouver de telles exigences de service et de se faire autoriser à exécuter des travaux d'un tel ordre ?

Mais non ! Les grands chefs n'ont rien dit, — ou plutôt, s'ils ont parlé, les bureaux seuls le savent, qui ont entendu et enterré leurs réclamations, — et si j'ai obtenu de la commission du budget de 1908 un crédit de 750,000 francs pour améliorer la gare de Verdun, c'est que je lui avais exposé la situation actuelle, que voici :

A la gare de Verdun, où arriveront plusieurs centaines de trains pendant les premiers jours de la mobilisation, il y a en tout deux plaques

(1) Quand j'ai exposé à certaines hautes personnalités militaires l'insuffisance de nos quais d'embarquement, il m'a été répondu que les Allemands n'étaient pas à cet égard plus favorisés que nous. J'ai profité des vacances parlementaires pour me rendre en Alsace ; j'ai mesuré moi-même les quais entre Neudorf et Strasbourg et j'ai constaté qu'ils sont environ quinze fois plus longs que ceux de Verdun !

tournantes construites en 1869. Or, depuis cette époque, les machines de la Compagnie de l'Est se sont allongées ; mais les ponts tournants, eux, sont restés les mêmes !

Il faut découpler les machines pour les faire tourner en deux morceaux ! Si encore il y avait un nombre suffisant de voies de garage!... Mais, hélas ! ce n'est pas le cas. Les terrains situés à droite et à gauche de la voie appartiennent au Génie, et chaque fois que la Compagnie de l'Est a demandé à ce service de lui céder quelques mètres de ces terrains inutiles, pour en faire des voies nouvelles, des voies indispensables, on lui a répondu par un refus formel.

Il y a des braves gens et des patriotes clairvoyants qui redoutent qu'un tel état de choses ne nous amène un bel encombrement en cas de mobilisation ; mais si, d'aventure, un gouverneur de place forte se permet de signaler la nécessité d'aviser à un semblable péril, on lui répond des bureaux du Ministère de se mêler de ce qui le regarde !

Le passage à niveau de Jardin-Fontaine, qui devrait être supprimé depuis longtemps, sépare totalement la place de son arsenal, c'est-à-dire que les réapprovisionnements en pièces et en munitions seraient impossibles pendant les premiers jours de la mobilisation.

La Compagnie de l'Est, à la demande de la population que j'ai l'honneur de représenter, a décidé de dépenser 200,000 francs pour agrandir les locaux de la gare. Le Génie a autorisé les travaux sous la condition expresse qu'ils seraient exécutés en bois et en plâtre, afin qu'on pût aisément les démolir, et, au même moment, pour bien montrer combien il se moque de cette population patriote et désintéressée, le même Génie, à quelques mètres de la gare, construisait *en pierres de taille* de vastes bâtiments pour y placer des couvre-pieds de campement !

L'arsenal est situé à 5 ou 600 mètres de la gare et à 25 mètres de la ligne de chemin de fer Paris-Verdun. Depuis trente-cinq ans on n'a pas trouvé le moyen de créer une voie de raccordement ; on a préféré décharger le matériel de toute nature à la station des voyageurs civils pour le transporter ensuite à l'arsenal par un chemin de fer à voie étroite. On peut imaginer ce qu'a coûté d'argent une telle solution et ce qu'elle coûte encore en main-d'œuvre inutile !

On a dépensé des sommes considérables où il aurait suffi de quelques dizaines de milliers de francs pour avoir une organisation normale et parfaite.

Voulez-vous admirer encore, au voisinage de la même gare, un exemple de la sollicitude qui anime les bureaux de la guerre pour les besoins de l'armée et la préparation de la victoire ?

On a sacrifié des millions pour créer une route stratégique traversant un bras de la Meuse et reliant la citadelle de Verdun au quartier de cavalerie et à certains forts de premier rang. Cette route porte sur un de ses côtés un petit chemin de fer à voie étroite pour les transports de matériel, de munitions et d'approvisionnements. Elle traverse le ruisseau Saint-Vanne sur un pont *de bois*.

Ce pont est pourri et menace ruine. J'ai prié le sous-secrétaire d'Etat à la guerre de vérifier avec moi l'état des poutres de soutènement et du tablier : l'honorable M. Henri Chéron n'a pu que reconnaître l'état lamentable et inquiétant où se trouve ce prétendu « ouvrage d'art », dont le Génie ne soupçonnait même pas la vétusté et qui se fût écroulé sous les pas d'un régiment ou sous le passage d'une batterie, nous tuant des hommes et privant la place de toute communication directe et prompte avec une partie de ses ouvrages défensifs !

Enfin je ne veux point clore ce rapide examen de l'état de nos voies ferrées et de nos autres moyens de communication sans rappeler deux « oublis » des plus graves, que la commission du budget, — toujours ! — vient de réparer, sur ma demande, mais qui caractérisent d'une manière éclatante la compétence et l'humanité des bureaux de la guerre.

Nous possédons à Satory d'immenses magasins, comprenant les docks de l'artillerie, où se trouvent le matériel de siège et de place et le harnachement correspondant, avec divers ateliers de réparation et de chargement. Il y a là pour plus de 100 millions d'armes, de munitions, de parcs de siège, et d'objets ou d'engins de toutes sortes, dont le transport rapide doit être assuré dans toutes les directions, suivant les besoins.

Or, les magasins de Satory ne sont reliés à aucune voie ferrée ; ils sont isolés de tout rail, dépourvus de tout moyen de communication avec la frontière, avec les places fortes de première, de seconde ligne ou de l'intérieur, et ils demeureraient éternellement dans cette situation paradoxale et ridicule si les représentants du pays, donnant enfin satisfaction, malgré les bureaux, au vœu souvent exprimé par l'État-major général, n'avaient inscrit spontanément, en marge du projet de budget de la guerre de 1908, un crédit supplémentaire de

750,000 francs pour raccorder enfin notre dépôt d'artillerie à la ligne des Moulineaux, près
de Versailles !...

Second fait :

Le ministère de la guerre a, naturellement,
prévu, pour la mobilisation, le transport par
voie ferrée d'une masse énorme de troupes
actives et de réserve. Tout le matériel des différentes compagnies sera consacré à cette mise
en route de nos forces nationales, et en dehors
des wagons à voyageurs, il faudra y consacrer
des fourgons à bagages, voire des wagons à
bestiaux. C'est fort bien, et nul ne protestera
le cas échéant contre la rudesse du véhicule
où il sera monté pour aller faire son devoir...

Cependant, le patriotisme chez les chefs ne
devrait pas être l'inhumanité. Il n'est pas nécessaire de pousser jusqu'à la torture pour
mesurer l'endurance des soldats. Et j'ajoute
qu'il est un peu imprudent, même dans l'intérêt de la défense nationale, d'amener à la frontière, pour se battre presque tout de suite, des
hommes qui auront franchi des centaines de
kilomètres sans avoir le droit de s'asseoir !

Or, il manquait environ dix mille bancs
pour que tous les humbles wagons où voyage-
ront nos pioupious pussent être garnis de

sièges simples et rudes, mais suffisants. Jamais les bureaux de la guerre n'ont pensé à les réclamer pour eux.

Nous venons cependant de les leur donner.

Comment on construit un fort

J'aborde maintenant la partie la plus douloureuse de ma tâche. Après avoir brièvement montré de combien de négligences l'administration de la guerre s'est rendue coupable, quelles imprudences elle a commises et quels périls elle a créés en ce qui concerne la vie et le bien-être de ces soldats qu'elle appelle cependant à la défense du pays, il me reste à montrer par quelle série de fautes monstrueuses elle a, sur beaucoup de points, frappé d'impuissance toute notre action militaire et comment elle risque, encore aujourd'hui, de faire tomber de nos mains les armes qu'elle est censée nous avoir données.

Il me reste à dire ce qu'elle a fait de nos forteresses d'avant-garde !

Qu'on se rassure ! Je ne le ferai pas sans quelque précaution de forme, quoique, pour dire le vrai, je les crois parfaitement inutiles, attendu que rien de ce que je vais rapporter n'est ignoré de nos voisins...

Mais si je ne publie pas toutes les précisions que je possède ; si je ne mets pas les points sur tous les i et les noms sur toutes les batteries, que l'on veuille bien tenir pour certain que je n'avance rien dont je ne sois sûr et dont je ne possède la preuve.

Voyons d'abord comment on procède pour construire un fort neuf ou pour modifier un fort existant. Ce sera le bon moyen de définir toutes les responsabilités et d'empêcher qu'elles s'égarent sur des agents d'exécution laborieux et fidèles, quand elles doivent frapper plus haut et plus loin.

Dans le but d'unifier les projets de renforcement des différentes places fortes et d'empêcher les divergences d'organisation qui résultaient des appréciations personnelles des gouverneurs — souvent fort différentes les unes des autres, — il a été constitué une Haute commission des places fortes qui, en 1900, a visité toutes les places de l'Est et a décidé quels étaient les forts à renforcer ou les forts nouveaux à construire.

Si un gouverneur désire une modification à ce programme et propose la construction d'un nouvel ouvrage, sa demande est d'abord soumise à la commission des places fortes qui approuve ou refuse.

Pour la construction ou pour le renforcement ainsi approuvé par la Haute commission, il est établi d'abord un procès-verbal de conférence entre les services de l'artillerie et du génie de la Place, procès-verbal qui aboutit à l'envoi d'un avant-projet indiquant les différents travaux, les dimensions principales et le prix de revient. Cet avant-projet est envoyé par la voie hiérarchique de chacun des deux services, c'est-à-dire :

1° Par le service du Génie au général commandant le Génie et de là au commandant de corps d'armée ;

2° Par le service d'artillerie au général commandant l'artillerie de la région et de là au commandant de corps d'armée.

Le gouverneur de la Place est appelé en outre à donner son avis par le commandant de corps d'armée ; le commandant de corps d'armée y joint le sien et transmet le dossier au Ministre. Celui-ci le soumet aux comités et aux sections techniques de l'artillerie et du Génie, lesquels, *après entente*, forment une délégation. Après avis de cette délégation, le ministre retourne l'avant-projet, soit avec approbation,

soit avec indication de modifications à y apporter. Le service du Génie établit alors un
projet définitif que le général commandant
le Génie de la région est d'habitude autorisé
par le Ministre à approuver. Il peut arriver
que le Ministre ne donne pas délégation au général commandant le Génie d'approuver le projet définitif ; dans ce cas, ce projet retourne
au Ministre par la même voie que l'avant-projet avec l'avis de tous les échelons intermédiaires déjà cités.

Après approbation, soit par le général commandant le Génie, soit par le Ministre, le détail des croquis d'exécution est approuvé soit
par le directeur du Génie, soit par le général
commandant le Génie, en ce qui concerne les
constructions proprement dites. Pour les organes d'artillerie (tourelles, coffres de flanquement des fossés), les détails sont étudiés dans
des procès-verbaux entre les deux services locaux et approuvés également par les généraux
commandant l'artillerie et le génie. Les détails
d'installation des locaux du service de santé et
du service de l'intendance font également l'objet de conférences entre ces services et celui
du Génie.

Quand le travail revient aux officiers dévoués
et patriotes qui l'avaient préparé avec beau-

coup de soin, il est amputé de toutes manières, transformé par toutes les incompétences qui se sont agitées autour de lui.

Il ne répond plus aux nécessités particulières pour lesquelles il a été fait, mais il traduit en revanche les préférences théoriques à la mode parmi les arbitres lointains qui l'ont examiné successivement ou de concert.

En réalité, ce ne sont plus les services locaux qui sont responsables de ses imperfections, mais les Comités, les Sections, les Commissions hautes ou petites, permanentes ou provisoires, générales ou techniques, dont la décevante activité s'est exercée sur lui.

Les travaux d'exécution une fois entrepris, toute surveillance échappe même aux hommes qui seront cependant appelés à servir dans le nouvel ouvrage, à l'armer et à le défendre : c'était autrefois, en effet, les gardiens de batterie qui suivaient la construction et la contrôlaient sans cesse au point de vue des besoins de la place qu'ils connaissent. Ils touchaient de ce chef 30 francs par mois d'indemnité supplémentaire. Mais, comme ils appartenaient à l'artillerie, les bureaux du Génie au ministère les ont évincés et remplacés par des employés civils, qui font, d'ailleurs, très correctement leur devoir, mais qui reçoivent un traitement beaucoup plus considérable.

Les officiers, trop nombreux dans les directions de l'intérieur, manquent sur place pour
la direction des travaux. Les bureaux imposent
le choix des matériaux ; si bien que des murs
d'escarpe ou de contrescarpe, à peine achevés,
tombent dans les fossés. On les relève à grands
frais : ils retombent encore.

Les gouverneurs protestent en vain ; les services locaux réclament en pure perte : le travail continue ; les millions fondent à vue d'œil.
Nul n'intervient pour mettre avec autorité le
holà.

Si les constructions sont trop souvent défectueuses, pour les raisons que je viens de
dire, il en va de même de l'armement, de l'approvisionnement et du reste.

En 1905, précisément au moment de l'alerte,
la place forte de Toul, l'une des plus importantes de notre frontière de l'Est, s'est trouvée pendant plusieurs mois privée complètement de toute sa grosse artillerie, par suite
d'une imprévoyance criminelle.

Autrefois, les pièces de place se pointaient
au moyen de ce qu'on appelle des règles de
pointage, véritables coulisses graduées, dont
l'extrémité prend appui sur une base cimentée
fixe, à emplacement soigneusement calculé et

repéré. C'est au moyen de cette règle qu'étaient transmises à chaque pièce les données initiales d'un tir, celles du réglage et de la remise en batterie après chaque coup.

Or, à la fin de 1904, le ministère changea le système et prescrivit d'employer désormais pour le pointage de ces pièces une sorte de goniomètre (principe du pointage de notre canon de 75). Toutes les pièces devaient recevoir le goniomètre, et les bases de repérage devaient ensuite être détruites.

Lorsque, en juin 1905, l'ordre arriva du ministère, la Direction de l'artillerie fit immédiatement détruire à Toul la totalité de ces bases, *avant que les goniomètres qui devaient les remplacer fussent arrivés !* Or, ils ne parvinrent que peu à peu, très lentement, par expéditions successives, et je crois même savoir qu'une erreur des bureaux en a fait envoyer quelques-uns à Tarbes... au lieu de Toul.

Ce qu'il y a peut-être de plus extraordinaire, c'est que l'ordre de destruction fut exécuté sans que personne sourcillât !

Plusieurs officiers s'étonnèrent, mais ils n'osèrent rien dire. En sorte que la Direction dormit sur ses deux oreilles pendant longtemps et sans s'inquiéter de rien.

C'est un officier d'une autre arme, un fantassin de l'Ecole de guerre, qui, ne voyant pas d'organes de pointage auprès des pièces, pendant un voyage d'étude à la frontière, interrogea ses camarades de l'artillerie. On se troubla, il questionna encore ; on parla enfin et le pot aux roses fut découvert.

Tout le monde put mesurer alors dans quel abîme on risquait d'être précipité. La situation était véritablement effrayante et l'on n'avait plus qu'à se hâter pour se remettre en état de combattre. Il fallut reconstruire toutes les bases ! Cela coûta je ne sais quelle somme, mais en tout cas plusieurs centaines d'ouvriers y travaillèrent sans relâche pendant plusieurs semaines.

Ainsi, juste au moment où nous étions à deux doigts de la guerre, pas une des centaines de pièces de place de Toul n'aurait pu tirer utilement ! Que serait-il arrivé si le siège avait été mis devant cette forteresse ? C'est une éventualité qu'il faut considérer comme possible, dans les premiers jours des hostilités, en cas de refoulement des troupes de couverture ? Nos artilleurs n'avaient plus leurs anciens organes de pointage et n'avaient pas encore les nouveaux !...

Bien entendu, on a étouffé cette affaire, et il n'y a eu aucune sanction...

Mais que vais-je parler de canons qu'on ne pouvait pointer ? — On ne pouvait pas même les charger !

Au même moment, en effet, — je précise : le 15 juin 1905, — les obus qui devaient être tirés à Toul étaient encore à Bourges, et non chargés. Pour les amener à pied d'œuvre, dans le brouhaha d'une mobilisation soudaine, je laisse à penser quelles lenteurs et peut-être quels à-coups l'on aurait eu à subir ! Mais en supposant même qu'ils eussent pu être transportés *in extremis* dans la forteresse, il aurait fallu ensuite, avec le personnel dont elle disposait à cette date, environ deux mois pour le chargement de ces projectiles.

En résumé, on avait, à la veille d'une guerre possible, des canons qu'on ne pouvait pointer et dans lesquels on n'avait rien à mettre ! Et cependant nul ne peut soutenir que le Parlement, par ses votes, se soit rendu responsable d'une telle situation. Il a toujours accordé les crédits qu'on lui demandait. Que sont-ils devenus ?...

Qu'a-t-on fait, que fera-t-on aux auteurs responsables d'une faute aussi monstrueuse ? — Hélas ! S'ils n'ont pas encore eu d'avancement, ils doivent être sur le point d'en avoir !

C'est à cette même date que le Génie installait (à Toul, toujours !) des tourelles de tir dont les substructions ne pouvaient contenir l'approvisionnement des pièces.

Et c'est au cours de la même année, encore, que la Direction d'artillerie de la même place forte signala au ministère des défectuosités dans l'amorçage des obus de ses batteries de campagne.

De Paris, on répondit simplement que les gens de Toul ne savaient pas ce qu'ils disaient.

Est-ce tout ? — Oh ! que non pas !

La ville est entourée d'un certain nombre de forts, que je ne veux pas désigner autrement que par des chiffres, mais dans lesquels ou à côté desquels je ne puis me dispenser de relever les particularités suivantes :

Fort 1. — On y remarque une tourelle de 155 en fonte dure. La dernière fois qu'un officier inspecteur a visité le fort, il y a près d'un an, il a demandé qu'on la fît manœuvrer. On lui a répondu qu'elle était en réparation. Elle y est encore. Le local aux munitions de ladite tourelle contenait au fond une couche d'eau !... Heureusement qu'il n'y avait pas de gargousses !

Dans le même fort, il y a une batterie de 120 enterrée. On ne l'a jamais essayée. Les officiers croient que ses projectiles écorneraient le parapet.

Fort 2. — Construit, il y a quelques années, il a été reconnu incapable de remplir le rôle qu'on lui destinait. On est obligé de le refaire complètement. On a placé auprès de lui des tourelles dont les observatoires blindés, situés à quelque distance, sont sans aucune liaison avec elles. Ni téléphone, ni cornet acoustique, rien ! Si bien que l'observateur placé dans l'observatoire est hors d'état de donner des indications aux servants de la tourelle, à moins d'en charger un planton qui fera la navette, à ses risques et périls. (Je note ici que cette disposition absurde se trouve reproduite à peu près partout, à Verdun comme à Toul, à Épinal et à Belfort comme à Verdun : l'homme qui commande est mis dans l'impossibilité de transmettre ses ordres promptement et sûrement aux chefs de pièce qui ne peuvent cependant régler leur tir que d'après ses observations.)

Les communications entre une batterie de ce fort et le réduit se font à l'air libre. Or, comme les munitions de la batterie sont dans le fort, vous pouvez vous rendre compte de la facilité du service !

Fort 3. — Ce fort est en réfection totale. Le coût des travaux de maçonnerie, d'après l'entrepreneur, est de 1 million. Quand il sera terminé, on s'apercevra qu'il ne bat pas bien les crêtes sur lesquelles il doit tirer et on sera forcé de faire de nouveaux ouvrages en avant.

Fort 4. — En réfection. Coût : 2 millions. Les bureaux ont supprimé, dans les devis primitifs, les organes essentiels les plus nécessaires à la défense du fort.

Fort 5. — Simple petit ouvrage. En réfection aussi. Coût : 500,000 francs. A signaler, à 300 mètres du fossé et tout à fait « en l'air », une tourelle de 155 court. Il n'y a aucune liaison entre le fort et elle. Rien ne l'appuie, rien ne la défend. Elle n'a même pas d'observatoire et l'on ne sait ce qu'elle est destinée à battre. Interrogé sur cette singularité, un officier de l'État-major de la place a répondu qu'on l'avait mise là « pour l'utiliser ».

... J'arrête ici ma tournée des forts de Toul, afin de ne point dépasser dans mes révélations, les limites cependant très larges que je me suis tracées. Je me borne à noter, avant de changer de « forteresse », que celle-ci, pas plus que les autres, n'est encore dotée de projecteurs. La question y est « à l'étude », comme à Verdun, Epinal et Belfort. On essaye en ce moment les appareils à choisir, ce qui nous permet d'espérer que, dans une dizaine d'années, l'artillerie de nos quatre camps retranchés sera mise en état de tirer la nuit, si toutes les Commissions de la rue Saint-Dominique veulent bien le permettre.

A Verdun

A Verdun, les mêmes incohérences et les mêmes malfaçons qu'à Toul peuvent être aisément relevées. Là aussi, je dois m'interdire de pousser trop loin mes indications, et cependant il est nécessaire de montrer sur le vif tout ce qui a été fait de coupable, tout ce qui a été omis d'indispensable.

I. — Voici par exemple un fort où, par suite d'une « erreur » extraordinaire, et qui ferait rire dans une opérette, une guérite-observatoire, au lieu d'être élevée devant un des fronts ayant vue sur les terrains à battre, a été construite sur le front de gorge, c'est-à-dire derrière l'ouvrage, du côté de la ville, en un lieu d'où l'on ne peut rien voir.

A l'heure où j'écris, elle n'a pas encore été déplacée.

II. — Voici un autre fort neuf qui a été reçu sans qu'aucune observation fût faite, et cependant on vient de s'apercevoir que les métrés ne sont pas conformes aux devis et que les travaux d'exécution n'ont pas suivi fidèlement les croquis.

Là encore, la faute est imputable aux directions du ministère qui placent dans les camps retranchés un personnel ridiculement insuffisant en nombre et mis, par suite, dans l'impossibilité absolue de diriger efficacement tous les travaux.

Ce n'est pas là, en effet, une situation particulière à Verdun : elle est la même dans les trois autres camps retranchés de l'Est. Sur toute cette frontière, le Génie exécutera l'an prochain pour une vingtaine de millions de travaux : quel que soit le mérite des officiers instruits, courageux et fidèles dont il dispose, leurs forces ont des limites, et si l'on n'augmente pas considérablement leur nombre, nous risquerons d'avoir encore, sur plus d'un point, des constructions « urgentes » menées avec une déplorable lenteur, si ce n'est même avec des irrégularités graves. Dira-t-on que l'on manque de personnel ? Je répondrai qu'il y en a beaucoup trop dans les Directions de l'intérieur, où il n'y a presque rien à faire, et qu'on pourrait les envoyer à la frontière, où il y a du travail pour tous.

III. — En voici encore un, d'une haute importance et dont la réfection a été commencée en 1905. De son terrassement, on aperçoit Metz : c'est dire qu'il est à l'extrême pointe de la France et qu'il serait, en cas de conflit, l'un des premiers attaqués.

Les travaux en ont été interrompus pendant la plus grande partie de 1906, en raison de rivalités au ministère de la Guerre, entre les Directions de l'Artillerie et du Génie qui ne s'entendaient pas sur un type de tourelle à adopter. Ils ont été repris à la fin de l'année dernière, sur l'ordre formel du général Picquart, *et seront terminés le 1ᵉʳ janvier 1910*, en admettant qu'il n'y ait pas de nouvelles difficultés entre les Directions, Comités, Commissions, Sections ou Inspections...

Voilà donc un des organes les plus indispensables de notre défense qui sera resté cinq ans et demi en construction, alors que les

premières propositions estimaient la durée des
travaux à un an et demi au maximum !

Est-ce la faute des services locaux *comme
on cherche à le faire croire ?* Pas le moins du
monde ! C'est encore et toujours la faute des
bureaux de Paris !

En 1905, lorsque furent commencés les travaux de remaniement et d'entretien de ce fort
n° III, il se produisit un incident caractéristique. On commença par éventrer son parapet
et combler son fossé, sur un assez large espace, afin de faciliter les allées et venues des
ouvriers ; puis, on déménagea ses canons, qui
furent laissés pendant plusieurs mois étendus
en plein champ, sans que personne fût préposé
à leur garde. Il est vrai qu'ils appartenaient à
l'artillerie et que ce n'était pas au Génie à leur
fournir des sentinelles ou à leur trouver un
abri ; mais, tout de même, en pareil cas, il me
semble bien que des officiers de n'importe
quelle arme auraient dû se dire qu'ils appartenaient avant tout à la France, et faire en sorte
qu'ils ne pussent être ni détériorés, ni volés.

Il fallut l'intervention énergique du commandant d'armes, un simple capitaine d'infanterie, pour faire cesser, au bout de six
mois, un pareil scandale.

IV. — Voici un fort d'arrêt qui a été construit en 1878. Il est dans un état lamentable. Toute sa maçonnerie tombe en miettes. Le mur de contrescarpe est une écumoire et semble avoir subi un bombardement. Le mur du fossé diamant de la caponnière double est complètement effondré. Le mur d'escarpe est constamment en réparation : depuis dix ans, on dépense à peu près vingt mille francs chaque année pour le remettre en état. Il serait plus économique de le jeter bas et d'en construire un autre, surtout si l'on voulait bien prendre modèle sur ceux de Vauban, qui ont été construits il y a deux cent vingt ans et qui tiennent toujours.

La situation de ce fort au point de vue de sa protection et de l'armement qui s'y trouve est d'ailleurs épouvantable, et cependant il a une importance capitale.

Les ravins qui existent à sa droite et à sa gauche à 5 ou 600 mètres à peine, sont complètement à angle mort et à l'abri du tir de la défense ; ils forment même place d'armes tout indiquée pour les assaillants. Le fort n'a à sa disposition aucun mortier et ces ravins échappent totalement à son action.

Des rapports ont été fournis à ce sujet. On

a démontré qu'on pouvait arriver sur le fort à 500 mètres sans être vu et on a demandé un armement spécial et des petits ouvrages pour remédier à une telle situation.

Il y a quelques années, le général Brugère fit faire en sa présence une manœuvre pour vérifier le bien-fondé de ce rapport dont les conclusions, — sur lesquelles je ne veux pas m'étendre, — lui semblaient fantastiques. Un chef d'escadron d'artillerie, très gentiment, comme en se jouant, est arrivé à amener ses batteries jusqu'à 500 mètres du fort sans avoir été aperçu des troupes nombreuses qui, pour la circonstance, gardaient l'ouvrage. Cette manœuvre lui valut les félicitations les plus vives. Mais, en même temps, le généralissime réclama d'urgence les modifications nécessaires aux profils du fort et à la disposition de ses batteries. — RIEN NE FUT FAIT ! RIEN, RIEN, RIEN !...

D'autres expériences faites à Verdun ont, d'ailleurs, démontré d'une manière irréfutable que certains de nos ouvrages construits dans des bois pouvaient actuellement et malgré la vigilance des défenseurs, être surpris par une troupe audacieuse; et cela en raison du manque total de moyens d'éclairage dans les environs immédiats des ouvrages ou forts.

V. — Autre fort d'arrêt, où caponnières, murs d'escarpe ou de contrescarpe, réseaux de fils de fer, etc., tout tombe en ruine. D'ailleurs, à peu près tous nos forts d'arrêt, de Verdun à Toul, sont dans cet état lamentable.

VI. — Voici un exemple sans doute unique dans les fastes militaires : un fort qui se promène !

Par suite d'une déclivité du terrain et faute de travaux d'affouillement suffisants quand on a construit cet ouvrage, il avance de deux mètres environ par an dans la direction de Verdun, c'est-à-dire qu'il s'éloigne un peu plus chaque année du point qu'il avait à défendre et qu'il perd toute efficacité.

C'est un travail à refaire de fond en comble.

VII. — Fort de seconde ligne, mais que tous les officiers jugent indispensable à la défense, et qui cependant est en très mauvais état : les caponnières qui doivent flanquer les fossés, tombent en ruine, si bien qu'un officier du fort interrogé par M. Henri Chéron, a déclaré textuellement que « l'ennemi trouverait la plus grande sécurité dans les fossés, où il pourrait tranquillement faire sa soupe ! »

Quant aux défenses accessoires, elles n'arrêteraient guère les assaillants, car les piquets qui les soutiennent sont en bois et complètement pourris.

VIII. — J'ai visité plusieurs fois ce fort, un des plus essentiels de la défense, car il est appelé à servir de réduit aux ouvrages de première ligne. J'y suis allé notamment avec le sous-secrétaire d'Etat, qui a constaté qu'une tourelle du prix de 2 millions, et dont le béton crevassé laisse pénétrer en abondance la pluie dans la poudrière, fonctionne très mal. Un de ses deux canons de 155 est dans l'impossibilité de tirer.

En parcourant les fossés de ce même fort, un officier interrogé par M. Henri Chéron : « Pouvez-vous tirer le canon à blanc, dans cet ouvrage ? » a répondu textuellement : — « Je suis soldat, j'obéirai ; mais je vous demanderai deux minutes pour faire mon testament. »

C'était dire assez clairement qu'il craignait qu'au premier ébranlement un peu rude, tout s'écroulât. Que penser d'ouvrages dits de « fortification » qui ont coûté des millions au pays, sur lesquels nous devons pouvoir compter comme sur une protection sérieuse et dont parlent ainsi les hommes chargés de s'en servir ?

J'ai parlé de ce fort au général Picquart et lui ai rapporté la réponse de l'officier. — « C'est bien, a répliqué le ministre de la Guerre, je ferai tirer le canon en ma présence ! »

Je l'ai accompagné, quelques jours plus tard dans sa visite à Verdun. Il a examiné l'état des murs... *et il a renoncé à faire tirer le canon ce jour-là, pour épargner la vie des artilleurs !*

Je dois à la vérité d'ajouter que, en prenant des précautions infinies, on est parvenu, quelques jours plus tard, à tirer dans cette caponnière une dizaine de coups de canon. Sans insister davantage sur une telle considération, me sera-t-il permis de demander à mes lecteurs quelles impressions ils pensent que puissent rapporter les réservistes et territoriaux, officiers, sous-officiers et soldats, qui sont appelés à y faire une période d'exercices ?

IX. — Deux observations seulement à propos de cet autre ouvrage, qui est neuf :

1° Les magasins à munitions placés à droite et à gauche d'une tourelle n'ont pas été bétonnés et seraient par conséquent inutilisables en temps de guerre ;

2° La crête de feu d'infanterie est entièrement composée de pierres devant lesquelles on a plaqué du gazon. Les tirailleurs seraient donc dans l'impossibilité de tenir sur ces parapets.

X. — Fort nouvellement construit. Il contient une casemate de Bourges armée de canons de 75 et destinée à battre les intervalles. Par suite d'une erreur de cote, dans la période de construction, cette casemate a été établie beaucoup trop bas. *Il en résulte que ses canons ne peuvent tirer qu'à environ 80 mètres !...*

Depuis quatre ans, depuis que l'on s'est aperçu de cette inefficacité absolue d'un des organes de défense les plus précieux et les plus coûteux du fort. Il a été fait *onze* rapports successifs par la voie hiérarchique. Personne n'y a jamais répondu.

J'ai signalé ces faits au ministre de la Guerre, qui s'est rendu lui-même sur les lieux et qui a vérifié l'exactitude absolue de ce que j'avais avancé. Il a prescrit aussitôt de construire un observatoire pour permettre à l'artillerie de tirer un peu plus loin ; mais ce n'est là qu'une demi-mesure.

Si l'on veut que nos canons puissent porter à la distance normale et battre réellement les points où débouchera l'ennemi, — car c'est pour cela qu'ils sont faits, j'imagine ! — il faut

démolir cette casemate et la reconstruire à la
cote voulue !...

Loin de moi la misérable prétention de tirer
d'une si douloureuse découverte, la moindre satisfaction d'amour-propre ; mais ne me sera-t-il
pas permis de faire observer que si un simple
député, passionné il est vrai pour les intérêts
de la défense nationale et pour l'honneur de
l'armée, n'avait pas pris la peine d'étudier
obscurément les réalités de notre état de préparation à la guerre (que trop de gens s'ef-
forcent de dissimuler), nous aurions été con-
damnés, en cas de conflit, à n'avoir sur ce point
de protection essentielle qu'une batterie im-
puissante et des canons sans effet utile ?

Où sont-ils donc les onze rapports qui
avaient, depuis quatre ans, signalé cette mal-
façon ? Entre quelles mains sont-ils restés ?
Dans quel carton les a-t-on enfouis ? Dans quel
panier les a-t-on jetés ?

N'aurons-nous pas vraiment la saine joie et
la fierté d'apprendre enfin que l'on s'est décidé
à sévir contre les fraudeurs de la défense nationale, comme on sévit contre ceux du commerce ? N'est-ce pas un crime plus grand que
tous les autres de jeter un voile protecteur
sur les erreurs et les fautes commises, quand

le sort du pays dépendrait de leur prompte réparation ?

Est-ce encore un conflit de Directions, de Comités ou de Commissions, qui a perpétué cette honteuse infériorité de notre armement et déjoué toutes les espérances de la nation, infatigable à payer pour qu'on la protège ?

Où sont-ils, ces rapports ? Il faut qu'on le sache ! Il faut qu'on le dise ! Il faut que l'on sévisse une bonne fois contre les généraux qui étouffent la vérité, contre les Commissions qui l'ensevelissent et contre les Directions qui l'enterrent !

On a trop longtemps et trop souvent passé l'éponge, sous prétexte de « ne pas inquiéter l'opinion publique », sur de scandaleuses bévues qui devenaient des crimes par cela seul qu'on les cachait. Il est trop tard maintenant pour continuer ce jeu et le prétexte est mauvais, car voici que, malgré toutes les cachotteries l'opinion publique *est véritablement inquiète !*

Si on ne lui donne pas satisfaction immédiate et complète ; si l'on ne frappe pas désormais les coupables, elle passera aisément de l'inquiétude à la colère et elle appliquera leur vrai nom à ceux qui servent si mal la France : elle les appellera des traîtres.

Mais reprenons notre triste tournée.

XI. — Les demandes faites en 1904, 1906 et 1907 par le commandant d'armes de ce fort et relatives aux améliorations à apporter dans l'organisation de l'ouvrage lui-même n'ont encore reçu, en octobre 1907, aucune solution.

La défense de la gorge n'est pas assurée : il serait nécessaire d'y installer au moins un groupe de deux mitrailleuses de campagne...

L'éclairage des bâtiments est défectueux. Celui des fossés est nul.

Par un raffinement d'organisation dont tous les officiers apprécieront la valeur, le matériel de réserve de la garnison de ce fort se trouve dans un fort voisin et l'armement se trouve à la citadelle de Verdun, d'où la nécessité de faire de sérieuses corvées au moment de la mobilisation. Mais comment s'étonner de semblables incohérences, quand on sait qu'une forte partie des approvisionnements de blé destinés à Verdun se trouve...... à Mourmelon !

J'ajoute, — détail infime, dira-t-on, mais qui a bien son importance, — que le fourneau de cuisine de ce fort, à peine suffisant pour la garnison du temps de paix, serait tout à fait au-dessous des nécessités du temps de guerre. Le commandant d'armes a réclamé un second

fourneau ; mais l'objet de sa demande doit être
« à l'étude... »

XII. — Voici un fort placé sur la ligne principale de défense à 4 kilomètres de la ville et
dont l'importance est très grande, selon les
officiers les plus compétents.

Il n'est pas en état.

Je ne parle même pas des défenses accessoires, des réseaux de fil de fer rouillés et dé-
tendus sur des piquets pourris et qui datent
peut-être de 1875, comme le fort lui-même ;
mais les murs ne sont entretenus que du côté
de la ville : sur les faces, ils sont dégradés et
s'effritent. La caponnière de tête a sa maçonnerie en ruine. Bien hardis seraient les hommes
qui, placés dans cette caponnière ou dans les
ailerons de droite ou de gauche essaieraient de
faire usage pour de bon des pièces de flanquement des fossés ! Il est vraisemblable que, au
premier coup de canon, tout s'écroulerait sur
eux.

Je disais tout à l'heure que le front de gorge
est mieux entretenu que les autres : il faut
ajouter cependant que le pont-levis, depuis quatre ans, refuse de se relever. On est en train de
le réparer.

Un dernier détail : ce fort bat, ou plutôt devrait battre la route de Verdun à Paris...

XIII. — Le fort où nous entrons est l'objet d'un renforcement. Les travaux sont encore peu avancés. Il reste à faire une tourelle pour 75, deux tourelles pour mitrailleuses, la casemate de Bourges et, en plus, tout le terrassement. Les travaux nécessiteront encore dix-huit mois au moins !...

Lors de la visite récente du général Hagron, après avoir examiné le terrain en avant du fort, le général s'est retourné et a dit à peu près textuellement :

— En avant, vous n'avez rien ! En arrière, vous êtes sur Verdun. Cet ouvrage servira à bien peu de chose ! Pourquoi ne l'avez-vous pas construit à tel endroit ?

Et un général de lui répondre :

— Oui, mon général, mais comme nous n'avons pas pu obtenir les crédits nécessaires pour la construction d'un fort en avant, nous avons bien été obligés de nous contenter de celui-ci. C'est toujours autant pour commencer. Il vaut mieux cela que rien. Maintenant, nous allons demander le reste et nous démontrerons la nécessité de la construction d'un ouvrage avancé.

Et le général Hagron est parti en disant :

— Ah ! Messieurs, je vous en supplie, tâchez de faire des économies ! Faites des économies !

Le fort XIII, d'après les plans établis, sera une perfection dans son genre, une véritable petite citadelle suivant l'expression employée devant le général Hagron. Citadelle qui aura l'inconvénient de coûter deux millions au pays, à peu près en pure perte, puisque, dès qu'elle sera terminée, il faudra construire un ouvrage en avant ! Toutefois je suis de l'avis du général dont je parle plus haut : « Il vaut mieux cela que rien ! »

Mais est-ce que vraiment un ministre soucieux d'assurer la défense du pays et un Parlement résolu à rendre réellement utilés les sacrifices des contribuables ne s'appliqueront pas à rechercher dans quels bureaux on a refusé les crédits demandés par les services locaux pour la construction de l'ouvrage avancé dont tout le monde, sur place, reconnaît la nécessité? Est-ce que nous allons voir, une fois de plus, une administration occulte, fût-ce celle du Contrôle, se montrer assez puissante pour faire obstacle à tout le monde et pour stériliser tous nos efforts ?

C'est une honte, qu'une telle question puisse

même être posée ! C'est une honte qu'elle ne soit pas déjà résolue !

XIV. — Visitons un dernier ouvrage, — non pas qu'il n'y ait rien à dire sur les autres ; mais les observations qu'il suggérerait ne seraient que la répétition de celles qui précèdent.

Dans celui-ci qui est neuf, on a fait l'application du nouveau système, consistant à supprimer la contrescarpe, que le feu de l'ennemi peut démolir et faire écrouler. Tous les officiers savent qu'après un tir bien ajusté, l'obstacle opposé à l'assaut par la profondeur du fossé est ainsi supprimé. Les troupes assaillantes peuvent passer sur l'amas des moellons arrachés de la brèche et il n'y a plus d'autre rempart pour une place que la poitrine de ses défenseurs.

On supprime donc la contrescarpe maçonnée; on la remplace par un talus de terre meuble et coulante. On renforce, en le bétonnant, le mur d'escarpe qui borde les glacis, et, au fond du fossé, on dispose une simple grille de fer, suffisante pour arrêter l'élan de l'ennemi.

Telle est la disposition défensive que l'on a adoptée pour ce fort neuf.

Seulement, — est-ce par économie ? est-ce par distraction ? — les barreaux de la grille

que l'on a placée dans son fossé sont assez es-
pacés pour qu'un homme de corpulence
moyenne puisse aisément se glisser entre eux
et pénétrer dans la place.

Il y a quelque temps, le capitaine commandant y a fait passer les deux tiers de sa compagnie !...

Dans les premiers jours de septembre de
cette année, un officier de l'Ecole d'artillerie de
Versailles en voyage d'études, y a fait passer à
son tour tous ses élèves !

Le commandant du fort a protesté contre
cette grille ridicule et inutile. On ne l'a pas
changée. Il a fait de nombreux rapports sur
la question. Elle est « à l'étude ».

N'est-il pas merveilleux de voir avec quelle
prudence et quel soin sont protégées les forteresses qui nous gardent!

Nous avons, dans nos grandes villes, de simples squares pleins de fleurs, dont on ferme les
portes chaque soir, et il est impossible, alors,
que le plus petit enfant y pénètre, car les grilles
qui s'y opposent ont leurs barreaux étroitement
serrés. — Mais quand il s'agit de mettre à l'abri
une armée au lieu d'une plate-bande et une
place de guerre au lieu d'un jardin public, les
grilles tout à coup s'écartent ; les barreaux
s'éloignent, et ce ne sont plus seulement les

enfants qui peuvent y passer : ce sont des régiments !...

Le commandement

Tout serait à revoir, en vérité, presque tout serait à refaire, dans cette colossale et ruineuse entreprise de défense, qui, de la frontière luxembourgeoise à la frontière suisse, croit avoir accumulé de sérieux obstacles à l'invasion.

Nos camps retranchés ne sont pas en état de jouer le rôle qu'on leur destine et nos forts ne sont pas en mesure de couvrir les camps retranchés qu'ils enserrent.

Un dernier fait, pour montrer jusqu'à quel point a été poussée la négligence de ces Comités divers auxquels remonte, je ne cesserai de le dire, toute la responsabilité des fautes commises.

Sur un bateau de guerre, le commandant reste en communication constante avec tous les services de son navire, avec tous les organes de la vie du bord, avec ses machines, avec son pilote, avec ses tourelles, avec ses soutes à munitions. Il n'a, au plus fort de la bataille, qu'un geste à faire, qu'un mot à dire, pour être obéi de la hune à la cale et de l'éperon au gouvernail par tout ce qui combat, par tout ce qui manœuvre, par tout ce qui respire autour de lui. Il est véritablement l'âme agissante et clairvoyante de ce corps immense et redoutable ; il l'anime, le dirige, le sauvegarde et le consacre tout entier au culte du pavillon glorieux qui bat là-haut, dans la fumée, au-dessus des canons.

Est-ce qu'il ne devrait pas en être de même, et bien plus aisément encore, dans tous ces forts qui ne sont, après tout, que de grands navires à l'ancre sur des collines ?

Est-ce que le commandant qui s'enferme en cas de siège dans sa casemate, comme le capitaine de vaisseau s'enferme dans son blockhaus, ne devrait pas voir, entendre, ordonner sans quitter son poste et veiller à tout en s'exposant au minimum de risques, sous le déluge de feux que comporte un combat d'artillerie moderne?

Eh bien, il n'en est rien ! A partir du moment où il prend sa place, le commandant n'a plus aucune relation avec ses batteries ni avec les locaux d'approvisionnement en munitions. Il est hors d'état de donner aucun ordre, de faire aucune recommandation, de diriger, en un mot, effectivement, une défense dont il a cependant la responsabilité, — et cela par la bonne raison qu'aucun organe acoustique, aucun téléphone, aucun appareil à signaux, enfin, n'est préparé, ni même prévu, entre son logement et les différents services d'alentour. A moins d'envoyer des plantons à travers les espaces découverts, battus par la mitraille, ou d'aller lui-même porter de tous côtés l'expression de sa volonté, il lui est impossible d'intervenir en quoi que ce soit dans la direction donnée à la lutte.

C'est donc juste le contraire de ce qu'on a voulu qui se passera.

Et pourquoi ?

Parce que, — retenez bien ceci ! — parce que les bureaux, au Ministère de la Guerre, durant cette longue élaboration des plans de construction des forts dont j'ai parlé plus haut, ont supprimé, par économie, sur tous les devis présentés, quelques milliers de francs qui avaient précisément pour but de couvrir les travaux de reliement acoustique du poste du commandant à *tous* les agents de la défense du fort.

Ce n'était pourtant là que le strict minimum nécessaire, car les Allemands, eux, possèdent dans tous leurs forts, des voies souterraines pour assurer la communication entre tous les organes de la défense (1).

(1) Le siège de Port-Arthur a démontré d'une manière irréfutable que tous les forts modernes devaient être pourvus de communications souterraines desservant toutes les parties du fort.

Une fois de plus, c'est l'intervention étroite, mesquine et, pour dire le vrai mot, *imbécile*, de l'Administration centrale qui a stérilisé les efforts consciencieux faits par les services locaux pour constituer des forteresses remplissant vraiment tout leur rôle.

La Commission du budget, sur ma demande, a voté deux millions de crédits nouveaux (1), non pour créer des ouvrages, mais pour essayer de leur rendre un peu de la solidité qui leur manque, pour réparer, en un mot, les erreurs commises.

Si l'on veut faire plus et mieux, il en coûtera hélas ! beaucoup plus cher, car le mal est immense.

J'aime à espérer, du moins, que ces fonds seront fidèlement appliqués à l'objet que se sont proposé les représentants du pays.

Et si je parle ainsi, au terme de cette inspec-

(1) Toutes les augmentations de crédit dont je viens de parler et que la Commission du Budget a consenties sur ma demande ont été compensées et, au delà, par des économies correspondantes réalisées sur ma proposition au budget de l'armée coloniale. Avant de se prononcer sur ces augmentations la commission a entendu le Ministre de la Guerre, le chef d'Etat-Major général de l'armée, le directeur du Contrôle, les directeurs du Génie et de l'Artillerie. C'est donc en toute connaissance de cause qu'elle s'est prononcée.

tion navrante où je viens d'entraîner mes lecteurs à travers nos places frontières ; si j'ose émettre un doute sur la manière dont on a quelquefois... traduit les intentions du Parlement, c'est que j'ai malheureusement sous les yeux de tristes documents.

L'année dernière, la Direction du Génie, au Ministère de la Guerre, d'accord avec la Direction du Contrôle, demanda, au chapitre 101 du budget une somme de 600,000 francs nécessaire pour l'achat d'outils portatifs destinés à l'infanterie.

Ce crédit fut voté, l'expérience de la guerre de Mandchourie ayant démontré qu'il était indispensable, en effet, d'augmenter le nombre des pelles et des pioches en service dans nos régiments.

Cet argent a été détourné de sa destination. Nos fantassins n'ont pas plus d'outils qu'auparavant et, avec une partie des 600,000 francs accordés, le Génie a construit, à Verdun, un port d'attache pour ballon dirigeable !

Ce virement illégal est sans excuse, car le Parlement n'aurait certes pas refusé les fonds qu'on lui aurait demandés pour assurer un abri au *Patrie* le jour où il sera définitivement consacré à la surveillance des abords de notre camp retranché : il était donc coupable, pour le

lui donner, de nuire d'autre part à la défense
nationale en privant nos fantassins des moyens
de s'abriter eux-mêmes dans des tranchées.

On peut tout redouter d'une organisation ministérielle qui permet de tels tours de passe-
passe, et le moins qu'on en puisse dire, étant
donnés les irrégularités qu'elle couvre, les malfaçons qu'elle feint d'ignorer, les fautes qu'elle
dissimule, les devoirs qu'elle dédaigne et en un
mot le mal qu'elle fait, c'est qu'elle constitue
dans le gouvernement de la France un rouage
désormais faussé, dont la refonte complète
s'impose à bref délai.

J'arrête ici la rapide revue que j'ai dû passer
de quelques-unes de nos places fortes de l'Est.
Le Ministre de la Guerre m'a déclaré, il y a
peu de temps, que Verdun est la place la mieux
défendue de toutes celles qui gardent notre
frontière. Que l'on juge de ce que sont les
autres !...

Quant aux forteresses du Nord, quant à nos
batteries des côtes de l'Ouest, combien de révélations navrantes ne pourrait-on pas faire à
leur sujet? Les fortifications de Maubeuge ne
tiennent plus ; certains ouvrages de protection
du Havre ne possèdent pas de projecteurs et
leurs défenseurs sont par conséquent incapables de distinguer, la nuit, une escadre ennemie

qui, ses feux éteints, viendrait torpiller et brûler tout dans le port (1) ; Brest n'a pas son plan directeur, qui est indispensable pour la mise en œuvre des moyens de défense qu'on y a érigés...

Il est vrai que, pendant ce temps-là, on propose à la Commission du budget de voter des fonds pour lever la carte des républiques de l'Amérique centrale !...

Tous nos ports de commerce sont défendus par des canons dont la portée est insuffisante. Contraste édifiant et admirable : nous avons aux colonies des villes comme Saïgon et Dakar qui sont efficacement protégées, parce que le Ministère des Colonies a demandé des canons au Ministère de la Marine ou à l'industrie privée et qu'on lui a donné des pièces semblables à celles qui arment nos plus forts navires, c'est-à-dire portant à 10 ou 12 kilomètres ; mais le Havre, Saint-Nazaire, Marseille et en général tous nos grands ports de commerce continentaux sont exposés aux atteintes des flottes ennemies, sans pouvoir riposter, parce que le Ministère de la Guerre, chargé de leur défense, a commencé par dépenser des millions pour cons-

(1) Il est à noter que le siège de l'école des équipes photo-électriques de l'artillerie est au Havre.

truire des batteries de côtes, et y a mis ensuite des canons ne tirant qu'à 8 kilomètres, les seuls qu'il sachè fabriquer lui-même ! Plutôt que de s'adresser à l'industrie privée ou même aux fonderies de la marine, la direction de l'artillerie a préféré manquer à son devoir, qui était d'assurer la défense de nos grandes cités commerçantes !

Faut-il citer ici, en passant, l'invraisemblable et cependant trop réelle histoire de cet obus P, inventé par un général des plus distingués et qui attend *depuis sept ans* que la Marine et la Guerre veuillent bien se mettre d'accord pour l'essayer sur des buts flottants ? Ce projectile est doué, *dit-on*, de propriétés remarquables, et sa renommée parmi les artilleurs est telle que l'on en a entassé des quantités considérables dans toutes nos batteries de côtes. Bien plus, on en a vendu aux Colonies des chargements énormes... *Mais on ne l'a toujours pas essayé !*

Est-il bon ? C'est probable.

Est-il mauvais ? C'est possible.

En tout cas, on n'en sait rien. Les Colonies sont obligées de le garder, car la Direction de l'artillerie ne veut pas le leur reprendre, et personne dans nos batteries d'Europe, d'Asie ou d'Afrique, n'ose s'en servir, car, si l'on en a fabriqué pour plusieurs millions déjà, il n'est pas encore officiellement accepté !

Quelle misère qu'une organisation pareille !

Ne donne-t-elle pas une actualité saisissante à la sévère critique portée en ces termes sur l'état de notre défense en 1870, par un de nos plus brillants généraux actuellement en activité de service :

« Certains esprits superficiels rendent la fortification responsable des mauvaises défenses qu'ont faites en 1870 la plupart des places, mal armées et mal pourvues. *Ce qu'il faut critiquer, c'est l'incurie de ceux qui étaient chargés de les organiser et de les pourvoir. IL VALAIT MIEUX LES DÉMOLIR que de ne pas y mettre les moyens de défense convenables.* »

Nos lecteurs feront à qui de droit, c'est-à-dire aux bureaux de la Guerre, représentés par les directions, les comités, les sections, les commissions, les inspections et le Contrôle, l'application des sanglants reproches que j'ai soulignés.

Et ils se rappelleront aussi avec une angoisse patriotique les éloquentes paroles prononcées à la Chambre, il y a plus de quinze ans par M. Poincaré, l'éminent sénateur de la Meuse, rapporteur d'un cahier de crédits supplémentaires pour la Guerre :

« ... On paraît avoir escompté un peu votre patriotisme : on a supposé que des dépenses, même inconsidérées, même excessives, faites sous le couvert de la défense nationale, trouveraient toujours auprès de vous, sinon leur justification, du moins leur excuse ; *comme si le premier souci de ceux qui ont le grand honneur et la lourde charge de préparer, d'assurer cette défense nationale n'était pas de faire des deniers publics un emploi raisonné et de ménager, dans l'intérêt même de la puissance militaire du pays, les sources vives de sa puissance financière !* » (*Double salve d'applaudissements et bravos prolongés sur un grand nombre de bancs.*) (*Journal officiel* du 29 mars 1892.)

Plus que jamais, ces paroles sont vraies aujourd'hui : l'administration de la Guerre, telle qu'elle fonctionne actuellement, ruine la France, militairement et financièrement.

V

QUELQUES RÉFORMES

J'ai dit ce dont l'armée se plaint, ce dont elle souffre, ce qui lui manque ; je vais résumer brièvement ce qu'elle désire.

J'ai énuméré des faits scandaleux, montré des défauts d'organisation qui engendrent des vices de conduite ; je vais essayer de définir en peu de mots les projets de réforme qui nous assureraient un meilleur emploi des crédits immenses votés chaque année pour le budget de la guerre et qui rendraient à la France en sécurité *réelle* les sacrifices qu'elle consent.

Ici comme là, j'essaierai de traduire non seulement mon opinion personnelle, mais aussi tout ce que je crois connaître des sentiments de mes anciens camarades et des idées de quelques chefs éminents qui se sont donné la peine de réfléchir et de travailler dans l'intérêt de la défense nationale.

Au surplus, pourquoi ne le dirais-je pas tout de suite ? Je suis assuré de parler ici un langage qu'ils ont compris et approuvé. J'en ai reçu des témoignages répétés. Les plus hautes personnalités militaires de ce pays, celles à qui, d'instinct, l'armée, qui ne se trompe guère sur la véritable valeur de ses grands chefs, accorde le plus d'estime et de confiance, m'ont adressé leurs encouragements, et l'un de ces hommes de progrès dont le nom est justement honoré parmi nos officiers et nos soldats, M. le général Bonnal, m'écrivait récemment : « Puissiez-vous faire passer vos propositions dans le domaine des faits ! »

C'est là un appui moral dont je sens tout le prix et qui aurait levé mes dernières hésitations, si l'on pouvait jamais hésiter à remplir un devoir d'où peut dépendre l'intérêt du pays, étroitement lié à l'intérêt de l'armée.

Il n'y a pas longtemps encore (le 25 juin 1907), à la tribune du Sénat où se discutait une controverse militaire, l'honorable M. Waddington, rapporteur du budget de la guerre définissait en ces termes le mal que je m'efforce de signaler :

« ... Il est certain que l'esprit d'initiative et de responsabilité chez nos officiers n'est pas le même aujourd'hui qu'autrefois. Pensent-ils, à tort ou à raison, qu'ils ne seront pas soutenus par leurs supérieurs et par le Ministre de la Guerre, est-ce insouciance ou crainte de la critique locale et des interventions irrégulières des représentants élus ? Ils ont adopté une politique qui peut être qualifiée par les mots : « Pas d'affaires. »

Et M. Clemenceau, Président du conseil, sanctionnait d'un : « C'est très vrai ! » ces paroles courageuses.

Au cours de la même séance, M. le Ministre de la Guerre affirmait que notre pays avait été « souvent » et « cruellement trompé », et il ajoutait :

« Nous lui devons la vérité, *toute la vérité*, mais nous n'avons pas le droit de l'inquiéter par des hypothèses ! » .

Le général Picquart a raison. On doit la vérité au pays, car ainsi que je l'ai dit, du haut de la tribune, à ce Ministre même : « *La vérité est toujours patriotique!* » Quant aux hypothèses, on me rendra justice : je possède les preuves de tout ce que je dis ici et je suis prêt à fournir à M. le général Picquart celles qui pourraient lui manquer. *Il le sait !*

Bien d'autres avant moi, — quoique moins brutalement peut-être (mais l'heure n'est plus aux ménagements ni aux atténuations !) — ont

essayé de montrer quel était l'état d'âme des
officiers et des soldats, depuis que se sont produites tant de révélations sur les défauts de
notre législation militaire et sur le vice fonda-
mental du commandement. Quelques-uns même
ont poussé le courage, — dans leurs écrits
seulement, hélas ! — jusqu'à chercher les
moyens de remédier au mal. Mais c'est toujours par demi-mesures qu'ils conseillaient de
procéder ; ou bien, quand ils demandaient que
l'on portât la hache dans une institution ver-
moulue, ils croyaient devoir ménager et respecter d'autre part des organes surannés dont
l'antiquité fait toute la vertu.

Je crois au contraire qu'il faut procéder
courageusement à une refonte générale, attendu que toute modification partielle de ce
qui existe serait forcément stérile.

Je crois aussi que les solutions à envisager
sont simples, qu'elles ne se heurteront à aucune difficulté insurmontable et qu'elles seront
obtenues d'autant plus aisément que, loin de
provoquer de nouvelles dépenses, elles entraî-
neront de très importantes économies.

Le problème général à résoudre se décom-
pose en ces différents termes :

1° Supprimer *radicalement* les Comités techniques, *toutes* les Commissions permanentes, la

plupart des Commissions temporaires ; réduire de beaucoup le nombre des Directions, Sections et Inspections. (Un simple décret suffit pour réaliser cette réforme qui est la plus importante et la plus urgente.)

2° Rendre la vie, une vie réelle et vigoureuse, à l'organisme militaire, en supprimant tous les rouages superflus et par conséquent nuisibles.

3° Augmenter par une large décentralisation, l'autorité des généraux commandants de Corps d'armée, des gouverneurs de camps retranchés et en même temps leur donner la pleine responsabilité de leurs actes.

4° Améliorer la situation morale et matérielle des officiers et des sous-officiers.

5° Remanier l'état-major général de l'armée, afin de le doter des organes qui lui manquent et de lui permettre de remplir le rôle pour lequel il est fait ;

6° Corriger les défauts considérables actuellement existants dans les services administratifs de l'armée, Intendance et Contrôle. Enlever à ce dernier service (Contrôle) le bureau dit « du Budget » et le rattacher au Cabinet du Ministre en plaçant à sa tête un fonctionnaire de l'Intendance.

* * *

Les questions deux et quatre sont intimement liées l'une à l'autre : on ne peut tirer tout le profit de la seconde si l'on n'a pas à sa disposition les officiers contents de leur sort que nous donnera la quatrième et l'on ne peut aborder celle-là que si l'on dispose d'une partie des économies que réalisera la deuxième. Elles forment un tout indivisible.

Abordons-les ensemble.

Pour remanier logiquement l'organisation générale de l'armée, il est tout d'abord nécessaire d'assurer la constitution de son unité combattante fondamentale (compagnie, escadron, batterie) considérée en elle-même et isolément. C'est la cellule militaire autour de laquelle, ainsi que dans les corps vivants, doivent s'agglomérer et se coordonner les éléments divers destinés à la nourrir, à la relier aux cellules voisines, à en former un tout homogène et sain, sous forme de muscles puissants, à discipliner enfin ceux-ci et à leur permettre de fonctionner, grâce à l'action de nerfs bien équilibrés, qui les rattacheront au cerveau... *quand nous en aurons un !*

Pour que cette unité puisse exister normalement et prendre toute sa force ; pour qu'elle s'instruise en temps de paix et se prépare vraiment à toutes les éventualités de la guerre, qui est son but déclaré, sa destination évidente, elle doit présenter l'effectif nécessaire pour que chacun des officiers et gradés qu'elle renferme y exerce en réalité le commandement qui lui appartient.

Nous sommes victimes, en France, d'un faux raisonnement ; notre erreur provient d'un mauvais point de départ. Nous nous sommes dit : « Il nous faut *tant* de compagnies. Comme nous disposons d'un contingent total déterminé, nous allons le partager en autant de petits groupes : cela nous fera *tant* d'hommes par compagnie. »

Il aurait fallu renverser la proposition et dire : « Je veux avoir *tant* d'hommes par compagnie, escadron ou batterie, afin que les besognes de la guerre y soient bien préparées. Étant donné l'effectif total, cela fera *tant* de compagnies, *tant* d'escadrons, *tant* de batteries. »

Voilà face à face les deux conceptions : d'un côté, l'apparence d'un état militaire avec plus de frais généraux et des cellules vides ; de l'autre, la réalité d'une force vivante, plus compacte et moins coûteuse.

Entre ces deux formules, mon choix est fait : je vais tout droit au système qui nous donnera la plénitude de la vigueur, et je réclame la fin du régime des compagnies anémiques, des régiments squelettes et de l'armée fantôme.

Ce premier point posé, la compagnie, l'escadron et la batterie étant organisés avec le nombre d'hommes convenable pour que leur travail soit efficace et leur préparation activement poussée, il s'agit d'agréger ces unités élémentaires de telle sorte que l'ensemble de la machine donne le meilleur rendement, c'est-à-dire sans conserver aucun de ces rouages intermédiaires inutiles qui absorbent de la force vive, qui font perdre du temps, des hommes et de l'argent.

Tout d'abord, il résulte de ce principe une condamnation rigoureuse du système binaire, qui est le fondement de notre organisation actuelle. Nous avons des brigades de deux régiments, des divisions de deux brigades et des corps d'armée de deux divisions : système déplorable, qui multiplie démesurément le nombre des organes et le nombre des échelons de commandement. Or, plus longue est la série des degrés de la hiérarchie, plus l'exécution d'un ordre perd en rapidité, grâce aux transmissions successives, et plus elle perd aussi en précision et en puissance par l'interposition de volontés et d'intelligences différentes.

Une brigade composée de deux régiments de même arme ne constitue pas, d'ailleurs, un commandement justifiant la présence d'un officier général. Il n'y a pas assez de différence, dans ce système, entre un colonel et lui. L'autorité de l'un comme de l'autre en souffre constamment. Les champs d'action sont si voisins qu'il y a, pour le supérieur, une tentation irrésistible de s'immiscer dans la zone d'activité du subordonné.

Aucune combinaison tactique en manœuvres ou en guerre ne va sans une véritable désorganisation de cette unité bizarre qui a des baïonnettes et des fusils, mais qui n'a ni sabres ni canons.

C'est la source de conflits personnels, de jalousies plus ou moins avouées, de médisances et de mauvais offices, qui sont nuisibles au bon esprit de l'armée.

Il faut envisager hardiment la réforme qui consistera désormais à constituer des régiments de trois bataillons, des brigades de trois régiments, des corps d'armée de trois brigades.

Je vois, à l'adoption de ce système ternaire, de très grands avantages.

Il diminue le nombre des généraux et rehausse leur fonction.

Il facilite des combinaisons tactiques variées tout en respectant les liens hiérarchiques.

Il rend un peu de liberté d'action aux officiers supérieurs et aux capitaines, envoûtés jusqu'alors par le voisinage immédiat d'un chef de brigade qui se rattrape de n'être qu'une sorte de sous-préfet militaire, en pesant de tout son poids sur ses deux colonels.

Il élargit le cadre de la division actuelle, devenue un corps d'armée, au point d'y laisser un peu de liberté aux trois brigadiers.

Dans ce système, en effet, la brigade devient réellement l'unité tactique de combat, la première où les différentes armes soient groupées pour un effort commun, et l'homme qui la commande mérite alors le titre de général qui, par définition même, doit impliquer la direction effective de troupes de différentes armes. Un officier qui ne manie que deux régiments d'infanterie ou de cavalerie n'est pas un général : c'est un *surcolonel* si vous voulez ; un colonel à six galons, mais sans étoiles.

La brigade nouvelle aurait, en infanterie, trois régiments de trois bataillons ; en artillerie, trois groupes de trois batteries ; en cavalerie, trois cents hommes. Au total, un effectif de 10,000 hommes, réunis sous l'autorité d'un même chef.

Cela, oui, cela vaut la peine d'être commandé par un officier général !

Le système ternaire fait également du corps d'armée une force plus souple et digne d'exercer les facultés d'un chef.

Enfin, il réalise une économie considérable, et, à ce point de vue encore, il caractériserait à merveille une armée vraiment démocratique.

***

En nous élevant, de proche en proche, vers les régions du pouvoir, — c'est d'ailleurs une considération que nous ne saurions perdre de vue, — partout, il y a des réductions à faire sur ce que nous dépensons actuellement pour notre armée. Et si j'insiste sur cette considération, ce n'est pas seulement parce qu'il est agréable et utile de diminuer les sacrifices du pays et d'alléger son budget : c'est aussi parce que l'on est coupable en vérité de gaspiller chaque année des sommes immenses, hors de toute proportion avec les nécessités réelles. « Tout ce qu'il faut, mais rien que ce qu'il faut » : telle devrait être la formule de notre administration militaire !

Nous devons donc envisager :

La suppression radicale des comités techniques, des Commissions permanentes et de la plupart des Commissions temporaires, Sections et Inspections.

La diminution du nombre des directions et une sérieuse réduction d'effectif de celles qui seront conservées (conformément à ce qui vient d'être fait pour la direction de l'Infanterie) ;

La fusion de l'armée métropolitaine et de l'armée coloniale, en réservant les droits de chacun ;

La fusion de la cavalerie et du train des équipages ;

La fusion de l'artillerie à pied et du génie...

Comités et Commissions. — Ai-je encore besoin, après tout ce que j'ai dit précédemment, de démontrer que c'est, en effet, à la tête même de l'armée que notre régime actuel donne le plus extraordinaire exemple d'incohérence ? On s'imagine que nous avons un ministère de la Guerre. Quelle modestie ! Nous en avons treize, quatorze même, en comptant le sous-secrétariat d'Etat ! Et ces quatorze ministères sont assistés en outre de plus de deux cents conseils, comités, commissions, sections ou inspections !

Eh ! bien ! c'est là, *je ne saurais trop le répéter*, qu'est le mal ! Ces bureaux annihilent tous les efforts, et dans l'inextricable enchevêtrement de leurs rouages il est absolument impossible de démêler une responsabilité ! Toute initiative est compromise et tout progrès est arrêté par eux pendant que de braves officiers travaillent dans le vide et pendant que les millions du pays s'engouffrent dans le néant.

On a pu espérer, en 1895, que l'action centralisatrice et souveraine attribuée au chef d'Etat-major général par le décret du 15 novembre lui donnerait sur les directions du ministère une autorité efficace. Il était permis de croire qu'une impulsion d'ensemble en résulterait et que les efforts partiels se combineraient heureusement pour faire de l'armée un organisme puissant, tout à fait apte à remplir sa mission. Il n'en a rien été. Les directions ont continué à organiser leurs services particuliers sans aucune idée commune, oubliant que chacune d'elles, en ce qui la concerne, doit travailler pour la troupe, afin de mettre les éléments combattants en constant état de préparation à la guerre. C'est donc là qu'il faut d'abord s'appliquer à simplifier, à coordonner, ou à supprimer, en réduisant au strict nécessaire toutes ces succursales du cabinet du ministre, aujourd'hui infiniment trop nombreuses, trop compliquées et trop indépendantes, sinon même trop ennemies les unes des autres.

L'armée coloniale. — Par la réunion de nos régiments coloniaux à notre armée continentale, nous ferons cesser des doubles emplois extrêmement nombreux qui, tout en surchargeant les finances, nuisent à la bonne exécution du service. Nous assurerons des périodes de séjour en France plus longues et mieux utilisées aux cadres qui rentrent des colonies fatigués et ayant besoin de se retremper. Enfin nous régulariserons l'avancement qui revient légitimement aux coloniaux et qui, si on laissait subsister l'état de choses actuel, subirait très prochainement une crise fâcheuse.

Mais il est bien entendu qu'en pareille matière il faut procéder sans hâte, avec le plus scrupuleux respect des droits acquis de part et d'autre.

En outre, actuellement, les officiers et les sous-officiers de l'armée coloniale sont des plus mal partagés au point de vue de la Légion d'honneur et de la Médaille militaire. Il y a lieu de remédier au plus tôt à cette situation (1).

(1) En ce qui concerne la Médaille militaire, j'ai déposé

Fusion de la cavalerie et du train. — Par l'attribution à la cavalerie des services du train, nous obtiendrons de précieux résultats.

Le plus grand nombre des réservistes du train provient de la cavalerie, où les effectifs du temps de paix sont, par la force des choses, très voisins des effectifs de guerre et qui instruit par conséquent beaucoup plus d'hommes qu'elle n'en prend pour se compléter à la mobilisation.

La cavalerie doit, d'autre part, partir très vite en campagne.

Le train des équipages, au contraire, multiplie par 30, à la mobilisation, son effectif du temps de paix et se mobilise très lentement.

La conséquence logique de cet état de choses est qu'il conviendrait de créer, dans la plupart des régiments de cavalerie, un escadron de conducteurs. Cet escadron instruirait les hommes dans leur futur métier de réservistes du train ; il fournirait des positions de repos aux cadres temporairement fatigués ; il utiliserait enfin les chevaux à demi usés ou ayant besoin de ménagements.

une proposition de loi tendant à mettre annuellement à la disposition du département de la Guerre en sus du contingent qui lui est normalement attribué sur les extinctions, 150 médailles destinées aux troupes coloniales. — Cn. H.

Il y aurait là un grand avantage pour la mobilisation comme pour le temps de paix.

Fusion de l'artillerie à pied et du génie. — Quant à l'artillerie à pied et au génie, leur origine est la même, leurs officiers ont passé par les mêmes écoles, poursuivi les mêmes études, et leur séparation, néfaste à tant de titres, est tout à fait artificielle.

Le génie a été inventé pour conduire l'attaque et la défense des places en un temps où l'on se servait surtout de la pioche et des gabions, où l'on traçait des parallèles, où l'on procédait par cheminements, mines et fougasses. On a presque complètement remplacé tout cela, maintenant, par des canons, beaucoup de canons et d'obusiers. Il y a donc lieu, même pour ce qui faisait la spécialité des sapeurs, de leur adjoindre les canonniers. J'ajoute que nous y gagnerions de voir désormais d'accord deux groupes d'officiers parmi lesquels une rare distinction de pensée, jointe à une profonde instruction technique, laisse néanmoins subsister des jalousies mesquines, qui engendrent les plus graves désordres.

Je sais bien que cette réforme devra être suivie d'une autre et cette suppression d'une création ; mais celle-ci, loin d'effrayer personne, donnera enfin satisfaction au vœu dès long-temps formulé par l'opinion publique, par tous les écrivains militaires, et par toutes les législatures depuis quinze ans ; c'est la formation, au ministère, d'une direction générale du matériel, ayant sous ses ordres un corps d'ingénieurs militaires, recrutés en partie parmi les élèves de l'Ecole Polytechnique (comme les ingénieurs des constructions navales), en partie par voie de concours entre les officiers et assimilés de toutes armes.

Ces ingénieurs auraient des spécialisations diverses : les uns chargés de construire et d'entretenir en bon état les fortifications ; les autres de fondre, tourner, fretter et rayer les pièces d'artillerie, d'étudier les nouveaux modèles de fusils et de canons, de fabriquer les projectiles ou de préparer les explosifs de toutes sortes.

Je n'ai pas besoin d'insister pour le moment sur l'avantage qu'il y aurait, pour tout le monde, à ce que les officiers du corps combattant du génie ne fussent plus les gérants et les dispensateurs des ressources budgétaires mises à la disposition de l'armée pour des travaux de terrassement, de maçonnerie, de charpente ou de plantation, — je n'ose dire de jardinage, — qui ne sont pas en vérité leur affaire. Leur tâche est assez belle, en campagne, quand il s'agit d'improviser des retranchements, de lancer des ponts de bateaux, de masquer des brèches ou de diriger des aérostats : ils peuvent laisser à d'autres les entreprises de travaux publics ou privés, en temps de paix !...

Sur tous ces points je me borne à exposer ici des vues générales dont j'étudie en ce moment les détails avant de les soumettre à la Chambre.

Mais je dois, à ce propos, faire tout de suite une déclaration de principe :

Pour accomplir une œuvre saine, utile et durable, il faut mettre de côté toute considération particulière ; il ne faut songer aux intérêts personnels de qui que ce soit. Pour créer des lois d'organisation générale il est nécessaire d'écarter tout compromis entre les convenances des uns et les appétits des autres. On doit trancher dans le vif si l'on ne veut mettre en péril, à la fois le pays et l'armée, car leurs intérêts sont liés et l'on ne peut gaspiller les finances de l'un sans compromettre la force de l'autre.

Ainsi que l'écrivait un grand auteur militaire : « Quelles que soient les circonstances, c'est manquer à son devoir que de se laisser entraîner par faiblesse de caractère à continuer une organisation dans le seul but de contenter des intérêts personnels ou de satisfaire des ambitions privées. »

Donc, plus d'intérêts d'arme ou de coterie, plus de petites chapelles militaires, l'égalité, la justice pour tous, la péréquation des grades.

Nous en sommes actuellement bien loin ! Sur 1,000 officiers, le nombre d'officiers de chaque grade est, suivant les armes, de :

	Colonels.	Lieuten. colonels.	Command.	Capit.	Lieuten. et s.-lieut.
Infanterie....	14	22	84	367	512
Cavalerie....	27	27	88	317	541
Artillerie	21	29	113	426	411
Génie.........	35	35	140	472	310
En moyenne.	18	24	93	376	480

Comme d'habitude, l'infanterie est sacrifiée, au grand dommage non seulement de l'équité, mais de la valeur du haut commandement à l'exercice duquel l'infanterie prépare mieux que toute autre arme ; elle demande l'égalité de traitement, et rien de plus.

Répartissons donc, avant tout, d'une manière uniforme les différents gradés, dans les armes combattantes, à raison de 2 colonels, 12 lieutenants-colonels et commandants, 36 capitaines et 50 lieutenants ou sous-lieutenants par 100 officiers.

En partant de ce principe préalable et en admettant par voie de conséquence l'indépendance relative du grade et de l'emploi (sous réserve

des droits de la hiérarchie et de l'ancienneté);
on peut clairement établir une loi des cadres
dont la libre discussion sera facile et féconde.

** **

J'arrive ici au deuxième point que nous avons
à examiner : l'amélioration matérielle et morale
de la situation des cadres permanents de l'armée.

Je rappelle que le premier traitement d'un
sous-lieutenant est de 6 francs 50 par jour,
c'est-à-dire 195 francs par mois ; celui d'un
lieutenant, de 7 francs au début, finit par atteindre, après neuf ans de grade, 8 fr. 30 soit
249 francs par mois. A ce moment, l'officier
est âgé de trente-deux à quarante ans et il reste
encore cinq ans dans cette situation. Tout le
monde sait à quels frais exceptionnels de tenue
et de représentation il doit satisfaire avec ces
maigres ressources, qui n'égalent point le sa-
laire mensuel d'un bon ouvrier...

Or, loin de s'améliorer avec le temps, si nous
conservons la loi sur les conditions de l'avancement, cet état de choses ira sans cesse en s'ag-
gravant. Chaque année, en effet, jusqu'en ces
derniers temps, il est entré, dans l'infanterie
seulement, 700 jeunes officiers sortant des
écoles, alors que la moyenne annuelle des ex-

tinctions, pour le grade de lieutenant (par promotion, démission, réforme ou décès) ne dépasse pas 450. D'où il résulte que l'avancement en grade et par conséquent l'augmentation en solde subit et subira, chaque année, un nouveau retard.

En 1906, ce retard était de 3 ans 1/2 sur 1900.

En 1917, il sera de 5 ans 1/2 sur 1907 !

Nous aurons donc dans dix ans des officiers qui seront restés vingt ans dans les grades de sous-lieutenant et de lieutenant !

Nos *jeunes* capitaines auront 48 ans !

Nos *jeunes* chefs de bataillons auront 51 ans !

Et nous n'aurons plus de colonels du tout, car ils seront tous atteints par la limite d'âge avant d'avoir pu exercer le commandement d'un régiment, à moins d'avoir été l'objet de choix exceptionnels pour tous les grades depuis le commencement de leur carrière !

C'est là une situation dont tout le monde comprend à la fois le péril et le ridicule.

Eh bien, voici, selon moi, comment il faudrait s'y prendre pour la corriger :

Tout d'abord, il convient d'établir le principe d'une solde uniforme, indépendante du grade et s'accroissant par ancienneté.

L'avancement, en effet, a pour but de donner

les commandements supérieurs aux plus dignes
de l'exercer et non d'améliorer le budget des
ménages les plus intéressants. Dissiper ce ma-
lentendu séculaire, ce sera déjà faire un grand
pas dans la voie de la justice.

Donc, j'admets une solde unique, dépendant
de l'ancienneté de grade. Elle serait, au début,
de 250 francs par mois pour le sous-lieutenant.

Tous les quatre ans, elle augmenterait de
50 francs. Seuls, les chefs de corps et les généraux recevraient en outre une indemnité de
fonctions.

Et, comme il est nécessaire de se préoccuper
du recrutement de nos officiers de réserve ;
comme on se plaint avec raison de n'en point
posséder un assez grand nombre pour encadrer
les contingents énormes de citoyens rappelés,
en temps de guerre, c'est parmi des officiers
jeunes encore, ayant quitté volontairement l'armée, que nous allons les chercher. A cet effet,
le droit à la retraite serait ouvert à partir de
quinze ans de présence sous les drapeaux. La
pension de retraite serait, sans maximum, de
1/45° de la dernière solde par année de service,
campagne ou blessure, mais sous la condition
que l'officier retraité servît encore au moins
de dix à quinze ans dans la réserve ou dans
l'armée territoriale.

Voilà, je pense, de quoi convenablement assurer la situation matérielle de nos officiers. Voyons maintenant comment régler leur avancement :

Les sous-lieutenants passeraient lieutenants à deux ans de grade.

Les lieutenants passeraient capitaines à l'ancienneté.

Les capitaines passeraient commandants à la sélection. A cet effet, tous les capitaines compris dans la première moitié de la liste d'ancienneté de leur grade et âgés de moins de 45 ans seraient admis, sur leur demande, à subir des épreuves physiques, théoriques et pratiques. La combinaison du résultat de ces épreuves avec le résumé des notes de l'officier depuis son entrée dans la carrière permettrait de former le tableau de sélection (1). Nul n'échapperait à ce mécanisme unique, quels que fussent actuelle-

(1) J'ai déposé, à ce sujet en fin de session (juillet 1907), sur le bureau de la Chambre, une proposition de loi tendant à donner droit à la retraite proportionnelle à partir de 15 ans de service, pour les capitaines et pour les lieutenants ayant au moins dix ans de grade d'officier, et cela dans les limites à établir par le Ministre de la Guerre pour les différentes armes jusqu'à concurrence du chiffre annuel de 280 pour l'ensemble de l'armée. L'ouverture de ces retraites proportionnelles aurait pour conséquences :

De remplacer, dans un délai de 15 années, 1.700 officiers des cadres actifs par 1.000 officiers retraités, d'une valeur individuelle tout à fait incomparable et parfaitement aptes

ment et son emploi et sa situation et son origine.

Les commandants passeraient lieutenants-colonels à trois ans de grade ; et ceux-ci passeraient colonels à la sélection, c'est-à-dire après avoir fourni toutes garanties, tant pour leurs aptitudes physiques, que pour leur état de préparation à la direction d'un corps de troupe.

A partir du grade de colonel, d'ailleurs, les promotions seraient faites exclusivement au choix du ministre, sous les réserves suivantes :

1° Que le candidat soit proposé pour l'avancement par ses chefs hiérarchiques ;

2° Qu'au moment de sa proposition il figure dans la première moitié de la liste par ancienneté des officiers de son grade et qu'il ait encore plus de quatre ans à servir avant d'atteindre la limite d'âge.

Il m'a semblé que l'on pouvait, grâce à ces différents procédés, simultanément ou successivement employés, sauvegarder à la fois la fermeté des caractères, par une large consécration

à commander une compagnie, un escadron ou une batterie de réserve ;

D'arrêter momentanément les conditions défavorables de l'avancement des lieutenants et d'améliorer ensuite progressivement la situation actuelle à ce point de vue ;

De réaliser une économie budgétaire qui, au moment du plein fonctionnement du système, se chiffrera annuellement par 800.000 francs environ. — Ch. H.

des droits de l'ancienneté ; la valeur des officiers supérieurs, par une sélection rationnelle,
et l'autorité légitime du gouvernement de la
République, enfin, qui a bien le droit de ne confier
qu'à des citoyens respectueux de la loi les
brigades et les corps d'armée constituant une
part de la puissance nationale !

J'estime en outre nécessaire de supprimer le
statut particulier dont jouissent actuellement les
officiers généraux, qui devraient subir la règle
commune imposée à tout le corps d'officiers :
leur mise à la retraite pourrait être prononcée
dans les mêmes conditions que pour les officiers
supérieurs ou subalternes. Il n'y a vraiment
aucune raison pour que, s'ils commettent une
faute grave, ils échappent à cette sanction, et
j'en vois beaucoup au contraire pour que, le
cas échéant, leur punition soit d'autant plus sévère que leur situation était plus belle et leur
pouvoir plus grand.

La mise à la retraite d'office, au surplus, ne
devrait pas être nécessairement considérée
comme une disgrâce : si l'on a suivi mes précé-
dents chapitres, on aura vu passer au courant
du récit plus d'une silhouette de général que la
législation nouvelle désignerait pour le repos
définitif. Je n'ose dire encore que cela ferait
« place aux jeunes » ; mais du moins cela fe-

rait-il place aux valides, à ceux qui ont mieux résisté aux fatigues de la vie… pacifique et qui sont en état de partir en campagne !

*
* *

La réforme générale dont je viens d'esquisser la première partie se traduira par une diminution très notable du nombre des officiers et assimilés, surtout dans les cadres de l'Etat-major général. Je ne la chiffre pas à moins de cinquante millions de francs par an, et, loin d'être une étape à accomplir sur la voie du désarmement (ce que je considérerais, cela va sans dire, comme un véritable défi jeté à toutes les traditions comme à tous les devoirs de la France), une telle réduction de dépenses aurait, au contraire, le mérite de faciliter en les dotant, pour ainsi dire, les améliorations de tout genre que doit avoir en vue un gouvernement démocratique, s'il veut posséder une armée vigoureuse.

S'il faut préciser et donner des chiffres, je pense que la moitié des économies ainsi réalisées, soit 25 millions, pourrait être affectée à des réformes sociales (retraites ouvrières), et l'autre moitié à couvrir, au point de vue militaire, deux dépenses d'ordres différents :

En premier lieu, les retraites servies aux officiers dont l'emploi serait supprimé ;

Ensuite, l'amélioration générale du sort matériel des officiers et sous-officiers restant au service, ainsi que de nos gendarmes, dont on parle toujours et dont on ne s'occupe jamais (1).

Dans la situation actuelle, les humbles souffrent d'une gêne cruelle, allant parfois jusqu'à la misère, et d'autant plus intolérable qu'elle doit demeurer cachée sous des épaulettes d'or. Pendant ce temps-là, se prélassent au sommet de la hiérarchie, quelques favorisés d'autant plus heureux qu'ils sont moins utiles. Eh bien, à cette inégalité injuste et révoltante, nous substituerons un état de vie honorable et décent pour tous. Et ce serait là un progrès par nivellement, introduit dans les conditions d'une carrière accessible à tous : ce qui donnerait satisfaction aux idées de justice sociale qui sont l'honneur du parti républicain.

De plus, les retraites sont calculées de telle sorte qu'un officier qui, vers l'âge de quarante ou quarante-cinq ans, verra sa carrière ne pas

(1) A ce propos, j'ai déposé en juillet dernier sur le bureau de la Chambre une proposition de loi par laquelle il serait mis annuellement à la disposition du département de la Guerre en sus du contingent qui lui est normalement attribué sur les extinctions : 150 médailles militaires destinées à la gendarmerie. — CH. H.

réussir à son gré, pourra la quitter, encore valide, et porter autre part son activité, au lieu de se voir obligé, comme maintenant, à demeurer au service, où il n'apporte plus qu'une âme découragée, un caractère aigri.

Pas de mécontents dans le corps d'officiers ! Ce sera une première amélioration du sort des simples soldats, qui ne peuvent être bien conduits et bien traités que par des chefs heureux.

Si, au moment de la transition d'un régime à l'autre, les départs volontaires en retraite sont insuffisants pour ramener l'effectif, surtout dans les hauts grades, au chiffre que l'on veut conserver, on procédera par abaissement des limites d'âge.

Elles sont actuellement trop élevées et surtout il n'y a point assez d'espace entre elles. Il en résulte que, dans tous les grades, à partir de capitaine, nous pouvons avoir, et nous avons souvent, hélas ! des officiers trop âgés. Certes, la possibilité de mettre à la retraite d'office quiconque a trente ans de services pourrait (lorsqu'elle sera étendue aux généraux) atténuer ces inconvénients ; mais il faudrait pour cela que nous eussions un commandement énergique, — et avons-nous un commandement ?

Non ! Je l'ai amplement démontré déjà pour ce qui est de l'administration même de l'armée, ainsi que pour le groupement et l'action des officiers de troupe et des Etats-majors, sous l'impulsion d'une autorité unique, responsable devant le Parlement. Il me reste à faire voir qu'au point de vue strictement militaire, — c'est-à-dire pour cette fonction primordiale de l'armée qui est la préparation à la guerre, l'étude des plans de campagne et l'appropriation des moyens dont on dispose au but qu'il faudra un jour atteindre, — nous sommes également mal pourvus, mal outillés, mal organisés.

Croirait-on que nous n'avons pas encore, au Grand Etat-Major même, le moindre bureau d'études pour la préparation à la Guerre !... Avait-il assez raison, le maréchal de Moltke, quand il déclarait hautainement que nous pouvions envier l'Allemagne !...

Nous possédons, en effet, tout un assortiment de parlotes où des généraux et des officiers supérieurs discutent toute la journée sur des sommiers métalliques, sur des gamelles en aluminium ; sur des problèmes de cryptographie, sur des viandes frigorifiées (1), sur

(1) ...Alors qu'il n'existe pas encore, sur toute l'étendue de notre territoire, on l'a vu plus haut, une seule usine frigorifique militaire en état de fonctionner !

ceci et sur cela ; mais un simple cabinet particulier, une table couverte d'un tapis vert où s'étalent des cartes, et des casiers où s'enferment des dossiers de mouvements de troupes, en vue de tel objectif et pour telle série d'opérations ou de batailles, — nous ne possédons rien de pareil !

Il y a quelques années, on tenta d'organiser un office de ce genre, sous la direction de M. le général Bonnal, alors commandant de l'Ecole de Guerre. Malheureusement, cet essai ne dura que quelques mois, des questions de personnes étant venues, dès le début, compliquer cette innovation et l'Etat-major de l'armée y ayant vu une atteinte à ses prérogatives...

Il n'avait peut-être pas tout à fait tort, car cela le regarde, en effet, de se préparer aux luttes de l'avenir : c'est pour cela, principalement, qu'il est créé. Mais, alors, pourquoi ne le fait-il pas ? Pourquoi ne puise-t-il pas dans son propre sein, si je puis ainsi parler, les éléments nécessaires pour constituer la direction militaire de l'armée, à côté de sa direction administrative ? Sur les cent officiers qui sont détachés à son service, il en trouverait bien, j'imagine, trente ou quarante pour se vouer utilement à de telles études ? Ou bien alors, il n'a qu'à les licencier tous, car leur présence rue Saint-Dominique ne peut être qu'inutile ou néfaste.

L'Etat-major de l'armée devrait comprendre, sous les ordres du chef d'Etat-major, trois directions : la Direction militaire, la Direction administrative et le Service géographique.

Le *Service géographique* pourrait, à la rigueur, demeurer constitué tel qu'il est (bien qu'il fasse double et triple emploi avec les organismes similaires dépendant des ministères de l'Intérieur ou des Travaux publics). Mais il faudrait, en tout cas, réduire très sensiblement l'effectif des officiers qui y sont employés.

A la *Direction administrative* seraient rattachées :

La section du personnel d'Etat-major, avec ses attributions actuelles, en y ajoutant les missions militaires à l'étranger ;

La section du premier bureau qui s'occupe du recrutement, des appels annuels, des réserves, des emplacements et mouvements de troupes, des détails de mobilisation des différentes armes et des places-fortes ;

La portion du troisième bureau qui a, dans son service, l'exécution matérielle des manœuvres et des exercices du temps de paix ;

La partie du quatrième bureau qui est chargée de la préparation matérielle des transports par chemin de fer et par eau ;

La section d'Afrique ;

La section du matériel, à laquelle il y aurait lieu de rattacher les services historiques et les bibliothèques.

La *Direction militaire* aurait dans ses attributions :

1° L'organisation de l'armée dans son ensemble et dans ses détails et l'étude des armées étrangères aux mêmes points de vue ;

2° L'instruction générale de l'armée, la rédaction des règlements de manœuvres et de campagne de toutes les armes et l'étude des règlements étrangers ;

3° L'examen, la critique et les enseignements des campagnes passées et des opérations de guerre les plus récentes ;

4° La question générale de mobilisation et de préparation à la guerre, pour les troupes, les services et les places ;

5° La préparation effective des plans de transport, de concentration et de campagne ;

6° L'organisation d'ensemble et le fonctionnement des services généraux des armées ;

7° La tactique générale, les modifications qui y sont apportées par les perfectionnements de l'armement et des méthodes, ainsi que l'étude des tendances tactiques des armées étrangères.

Chaque section d'ailleurs, serait tenue d'étudier ainsi les procédés employés et les travaux exécutés chez les autres puissances militaires de l'Europe, en Amérique et au Japon, pour toutes les questions de son ressort. La 7ᵉ section constituerait en réalité le noyau de la direction militaire de l'armée, et l'ensemble des sept sections formerait enfin « l'Institut des hautes études militaires » demandé par le général Bonnal, de qui les travaux saisissants à ce sujet ont si vivement impressionné tous les officiers.

La Direction pourrait compter en tout 40 officiers supérieurs, lieutenants-colonels ou chefs de bataillon ou d'escadron, ayant déjà exercé un commandement de troupe et répartis ainsi qu'il suit : 16 à la 7ᵉ section et 4 à chacune des autres. Mais pour éviter que ces officiers ne finissent par oublier, dans un travail de bureau, si intense et si important qu'il soit, les nécessités immédiates et pratiques de l'activité, ils seraient renouvelés par moitié tous les ans, assurant ainsi à la Direction militaire de l'armée un afflux constant de sang nouveau, d'ardeurs généreuses, et à nos régiments ou aux états-majors particuliers un courant d'idées véritablement modernes, avec des documentations tout à fait récentes.

En fait, ils constitueraient les états-majors des diverses armées. Chaque année, ces différents groupes, sous la conduite des chefs désignés pour le temps de guerre, seraient envoyés dans les régions frontières, non plus pendant huit ou dix jours, *mais pendant trois ou quatre mois*, afin de se livrer, sur le terrain même et au grand air, à des études tactiques et à des mouvements concrets, de façon à entretenir constamment leur vigueur et leur activité.

* * *

Dans de telles conditions, il serait permis d'espérer — enfin ! — que, si un conflit éclatait, nous serions à la hauteur de notre tâche, et nous ferions peut-être mentir la sinistre prophétie du vieux de Moltke.

Mais il faut nous y mettre !

Et quand nous aurons fait tout cela, nous n'aurons rien fait encore si, dès maintenant, tout de suite et sans faiblesse, nous ne faisons pas en sorte de rendre nos corps de troupe à leur mission propre, en déchargeant les colonels qui les commandent et les capitaines qui sont les plus précieux agents de l'instruction et de la direction des hommes, du fatras d'occupations administratives dont ils sont présentement accablés.

Il y a plus de quatre-vingts ans, en 1825, le général Morand écrivait :

« Un colonel ou conseil d'officiers ne devraient avoir le soin que de surveiller les fournitures ou les distributions, et on en fait des fournisseurs qui font confectionner, qui ont des magasins, qui tiennent des registres et des comptes ! »

Hélas ! si l'auteur de l'*Armée selon la Charte* avait pu connaître ce qui se passe dans l'armée de la troisième République, que n'eût-il pas écrit ? C'est bien autre chose encore que sous Charles X !

Nos capitaines, au lieu d'avoir tout leur temps pour conduire leurs soldats à l'exercice, pour surveiller l'instruction qui leur est donnée, pour dresser eux-mêmes leurs lieutenants et leurs sous-officiers, pour gérer paternellement l'ordinaire et pour faire enfin que leur compagnie soit formée de soldats bien portants, disciplinés, entraînés, adroits et connaissant tous leurs devoirs, nos capitaines doivent passer la majeure partie des heures de chaque journée à des besognes de comptable ou de courtier de commerce ! Ils règlent des achats, des perceptions, des réparations, des pertes, des imputations, des distributions, des réintégrations, des « mouvements d'objets en nature » ; ils ont la responsabilité de simples magasiniers et doivent vérifier sans cesse l'état de conservation des effets d'habillement. Ils ont pour ennemis, non plus ceux qui peuvent menacer la frontière du pays, mais les mites qui menacent la doublure des capotes. Ils tirent des plans pour protéger leurs approvisionnements de brodequins contre la moisissure et consacrent leurs veilles à la gérance de la literie.

Ils ne commandent plus : ils administrent. Tour à tour comptables, caissiers, tailleurs, cordonniers, cardeurs de matelas, fumistes, maçons, aubergistes coopératifs ou menuisiers à l'entreprise, ils visitent, inspectent, additionnent, signent, paient, font des rapports, examinent des bordereaux, contrôlent des factures, vérifient des travaux, commandent des raccommodages, surveillent des paquets : jamais il ne leur est possible de s'occuper de leurs hommes ! Et cependant, si l'on en croit le règlement sur le service intérieur :

« Les premiers soins du capitaine doivent

être d'inspirer aux militaires de sa compagnie, du zèle et de l'amour pour le service et de développer en eux les sentiments du devoir, de l'honneur et du dévouement à la Patrie... »

Et, plus loin, le même règlement s'exprime ainsi :

« Il forme le cœur et l'esprit des hommes de sa compagnie et leur donne toute la valeur militaire dont ils sont capables. »

Mais, malheureusement, il s'est glissé entre ces deux paragraphes quelques lignes disant :

« Le capitaine est responsable de l'éducation militaire, de l'instruction et de la discipline de sa compagnie, de la réception, de la conservation, de l'entretien, de la réintégration et du remplacement de tout le matériel en service... »

Et c'est de là que vient tout le mal ! L'officier qui commande notre première unité combattante n'a plus le temps ni de connaître ses hommes, ni de se faire connaître d'eux. Il est un personnage indifférent, lointain, qu'ils aperçoivent quelquefois au fond du « bureau », signant fébrilement des papiers que lui passe le sergent-major ou le fourrier, ou bien en tournée d'inspection dans les armoires où sont les réserves de vivres et de vêtements ; mais ils ne le voient presque plus à leur tête au champ d'exercice, ni dans les marches d'entraînement. Et en vérité, ils s'étonnent un peu, les braves garçons, qu'on lui ait laissé un sabre au côté, au lieu de lui planter franchement, comme insigne de ses fonctions, une plume derrière l'oreille !

Mais le mal, hélas ! est contagieux. Pendant que le commandant de compagnie est livré à toutes ces besognes pour lesquelles il n'est pas fait et qui ne sont pas faites pour lui, voilà que ses soldats à leur tour s'égaillent dans les ateliers variés. Car on trouve de tout maintenant dans nos régiments : des boulangers, des cuisiniers, des bouchers, des épiciers, des tailleurs, des cordonniers, des maçons, des peintres, des lampistes, des plombiers, des forgerons, des maréchaux-ferrants, des menuisiers, des charpentiers, des charrons, des bourreliers, des cochers, des mécaniciens, des blanchisseurs, des jardiniers... Tout ce monde travaille, oui ! mais chacun dans sa spécialité. Il ne manque guère que des soldats, à la compagnie !

Un tel abus n'est pas seulement ridicule : il constitue, à l'encontre de la population civile et des corps de métier de la région, une véritable concurrence déloyale. De quel droit, en effet, détourne-t-on de leur tâche des soldats, qui sont venus au régiment pour apprendre à combattre et en refait-on des ouvriers nourris par le budget au détriment des travailleurs civils ?

Ceux-ci ont déjà payé leur dette à la Patrie !

Il faut supprimer tous les ateliers militaires.

Pour le colonel, c'est la même chose que pour le capitaine : il ne commande plus son régiment, il le gère. Si le drapeau n'était pas en dépôt chez lui, on pourrait croire, en allant le visiter, que l'on entre dans un de ces établissements ingénieux et prospères où des jeunes gens qui se destinent à l'épicerie ou au commerce de nouveautés s'appliquent à étudier les règles du « Doit et Avoir » et apprennent toutes les subtilités de la tenue des livres. Ce ne sont que scribes ! Ce ne sont que registres !

La paperasse a tout envahi — et non pas seulement cette frondaison innombrable de feuilles où des « modèles » numérotés de 1 à 10,000 donnent une si haute idée de la fécondité française en fait de formules administratives, même pour les choses militaires. — Non ! Ce qui s'étale partout, ce qui remplit tout, ce qui occupe tout le monde, ce sont des comptes, des comptes, encore des comptes !

C'est cela aussi qu'il faut supprimer.

Comment ?

D'abord, par une organisation pratique de la *subdivision territoriale* :

Cet organe, sous les ordres d'un représentant du commandement, colonel ou lieutenant-colonel, serait un rouage annexe destiné à débarrasser troupes et chefs de tout ce qui n'est pas leur but essentiel : la préparation à la guerre.

Il comprendrait :

1° *Le bureau de recrutement et des réserves*, tel qu'il existe actuellement et chargé en outre de la mise sur pied des unités de réserve et territoriale ;

2° *Le bureau de comptabilité subdivisionnaire*, dirigé par un sous-intendant militaire, centralisant et régularisant la comptabilité de tous les organes stationnés sur le territoire de la subdivision, ou s'y mobilisant, tenant les écritures, registres et comptes des troupes dont il s'agit ;

3° *Le dépôt territorial des approvisionnements*, sous la direction d'un officier principal d'administration, aurait dans ses attributions la constitution, l'entretien, le renouvellement, la manutention, les réparations et la distribution de tous les approvisionnements destinés aux corps de troupe stationnés sur le territoire de la subdivision ou s'y mobilisant. C'est à ce dépôt que fonctionneraient, s'il y a lieu, les ateliers reconnus indispensables, *avec des ouvriers civils*. Dans ces conditions, les corps de troupes n'auraient plus que bien peu de préoccupations administratives.

Les commandants de compagnie ne tiendraient pas d'autre comptabilité que celle de l'ordinaire.

Les contrôles, les situations journalières, les comptabilités *sommaires* seraient tenus dans chaque bataillon, par un officier d'administration, qui devient en campagne l'officier de détail du bataillon.

Les diverses comptabilités sommaires du corps transmises par le plus ancien des officiers d'administration au bureau de comptabilité subdivisionnaire, permettraient à ce dernier de tenir la comptabilité publique régulière, correspondante.

Voilà ce qu'il faut ! voilà, peut-on dire, la condition *sine qua non* de la valeur de nos troupes.

* * *

Et qui ne voit tout de suite que cette première

réforme, à la base même de l'armée, va nous en dicter une autre, au sommet ?

L'Intendance ; le Contrôle : voilà deux corps considérables comptant des hommes distingués entre tous, instruits, probes, dévoués... D'où vient donc que, maintenant encore, après tant d'essais, de lois, de décrets, d'ordonnances, leur rôle soit si mal compris, leurs services parfois si contestés ? D'où vient que l'on ait si souvent à se plaindre de la manière dont sont administrés en pleine paix les corps d'armée, les divisions, et qu'une sourde inquiétude subsiste de toutes parts sur ce qui se passerait en temps de guerre ?

C'est que, là encore, en croyant résoudre, en toute impartialité, un problème dès longtemps posé devant le Parlement, nous avons, en réalité, obéi à des préjugés, à des rancunes et pris des décisions à la légère.

Ce n'était pas tout à fait la faute de l'Intendance, si, en 1870, l'armée impériale avait été si mal pourvue de vivres, de vêtements et de chaussures : c'était bien un peu la faute des généraux qui, incapables de diriger la guerre (et même quelquefois de retrouver leurs troupes), étaient *a fortiori* hors d'état d'indiquer aux intendants vers quels points ils devaient diriger leurs approvisionnements.

Ce n'était pas tout à fait la faute de l'Intendance, si, pendant toute la période qui suivit la chute de l'Empire et jusqu'à la fin de la Défense nationale, on vit souvent encore nos soldats souffrir du manque de distributions ou de la livraison de chaussures défectueuses : il avait fallu tout improviser, dans l'universel désarroi, — des intendants comme des généraux !...

Cependant, la guerre finie, les récriminations commencèrent. On fit des enquêtes ; on se battit à coups de rapports, de brochures et de livres. Chacun essaya de démontrer que, s'il n'eût tenu qu'à lui, la France aurait été victorieuse, mais que, malheureusement il y avait eu... les autres.

Bref, l'Intendance en entendit de dures, et comme, au bout du compte, elle avait bien quelques fautes à se reprocher, elle ne s'étonna point trop qu'on se mît à chercher, en 1873, s'il ne serait pas opportun de la placer définitivement dans la dépendance des généraux commandants de corps d'armée.

Après neuf ans de tâtonnements dans ce sens, on aboutit à la loi de 1882 sur l'administration de l'armée, qui la rangeait définitivement, en effet, sous les ordres de ces grands chefs. On espérait alors que ceux-ci travailleraient avec leurs nouveaux subordonnés comme avec les autres, comme ils travaillent, par exemple, avec les généraux commandant les services de l'artillerie et du génie...

Il n'en fut malheureusement rien.

Presque tout de suite, le pli fut pris de ne pas s'occuper du tout de l'intendant directeur. On ne lui demanda aucune explication, et j'ai à peine besoin d'ajouter qu'on ne lui en donna aucune. On le vit le moins possible. On profita même du nouvel état de choses, pour supprimer complètement, en fait, ce contrôle local, si nécessaire pourtant lorsqu'on tient à savoir comment sont administrées les divisions ! Impossible, désormais, de constater si les dépenses y sont correctement effectuées et si tous les services profitent, conformément à la loi, des ressources mises à leur disposition par le budget.

Si des malversations sont découvertes, par un sous-intendant trop zélé, dans la gestion d'un capitaine d'habillement, par exemple, le vérificateur à quatre ou cinq galons aura peur de révéler ce qu'il aura constaté, car ce serait créer des « ennuis » au général de qui dépend son avancement. Et les vols, — car il n'y a pas d'autre mot, — continueront, sans être réprimés, sans que leur auteur soit puni, sans que l'argent des contribuables soit défendu.

Eh bien, il faut mettre ordre à cela !

Oui, l'intendant militaire qui dirige l'administration d'un corps d'armée doit être subordonné au général en chef : c'est la condition indispensable d'une saine organisation militaire, et l'on a vu juste en l'édictant ; mais cet intendant-directeur doit avoir, sous son autorité, les sous-intendants et les officiers d'administration qui opèrent dans les subdivisions ou qui s'occupent de la gestion dans les corps.

C'est à lui qu'il appartient de leur donner des notes, puisque c'est lui seul qui peut et doit savoir dans quelles conditions ils ont exercé les fonctions qu'ils tiennent de la loi.

Les généraux en chef n'ont, pour entrer dans ces détails, ni le temps ni la compétence voulus.

Le contrôle local, *qui ne se fait plus nulle part*, doit être rétabli partout.

Il est nécessaire enfin que les commandants de corps d'armée comprennent qu'en mettant sous leurs ordres les directeurs de leurs services administratifs, comme les directeurs de tous leurs autres services, on a voulu leur donner des auxiliaires utiles et non pas placer à côté d'eux des parias.

Quant au Contrôle, j'ai dit, plus haut, par quels moyens subtils les directions du Ministère l'ont fait dévier de la voie où il était appelé à rendre tant de services. J'ai cité quelques faits précis qui démontrent comment on l'a mis dans l'impossibilité de remplir son véritable rôle. Je n'y reviendrai pas. L'idée qui lui a donné naissance est juste, cependant, et mérite de vivre. Elle retrouvera toute sa force et produira tout le bien qu'on en peut attendre, à quatre conditions :

1° Que les contrôleurs ne reçoivent d'ordres que du ministre et qu'ils cessent d'être groupés sous la férule d'un directeur ;

2° Que leurs inspections aient pour but de vérifier l'exécution des lois et que leurs rapports, strictement limités à cet objet, soient toujours remis, sans intermédiaire, entre les mains du chef de l'armée ;

3° Que leurs constatations relatives à des actes d'irrégularité ou d'improbité ne soient jamais, sans enquête satisfaisante, tenues pour nulles et non avenues : la responsabilité du ministre pouvant, de ce chef, se trouver gravement engagée ;

4° Que l'on rattache au Cabinet du Ministre sous la Direction d'un fonctionnaire de l'Intendance le bureau dit « du Budget ».

Ce que je viens de dire peut, en somme, se résumer dans ces termes précis :

Organisation pratique de la subdivision ter-

ritoriale avec le bureau de comptabilité subdivisionnaire.

Gestion des corps de troupe par des officiers
d'administration.

Contrôle local par des sous-intendants.

Direction administrative dans les corps d'armée par des intendants militaires.

Surveillance ministérielle de l'ensemble de
tous ces services par les contrôleurs de l'armée.

Je viens de parcourir rapidement un cycle
immense et j'ai donné, en trop peu de mots
sans doute, des avis qui auront pu sembler bien
péremptoires sur beaucoup de questions dont
chacune mériterait de longs développements !
C'est que j'avais hâte d'esquisser des solutions
positives, pour tous les problèmes que les pré-
cédents chapitres avaient posés. Après tant de
critiques et de blâmes, j'avais besoin de conclure.

Je ne me dissimule pas qu'il peut paraître audacieux de proposer aujourd'hui une refonte
quasi-générale de l'armée française ; mais comment ne pas s'y résoudre, quand on a pu constater les dangers qu'elle court ?

J'ai montré suffisamment, je crois, qu'il n'est
plus permis d'attendre ni même de se borner à
des remaniements timides et partiels. C'est la

réfection complète de nos lois militaires fondamentales qui s'impose d'urgence. Hésiter à entreprendre, dans toute son étendue, ce travail nécessaire, ce serait manquer à la fois de courage, de prudence et de patriotisme.

Pour ma part, soutenu — comme je l'ai dit et prouvé — par les plus hautes autorités militaires du pays, pourquoi donc ne me jetterais-je pas dans cette bataille qui en vaut bien d'autres et où la victoire est plus malaisée qu'ailleurs ? La lutte contre la routine est, en France, la plus dure qui soit ! Elle est la plus impopulaire aussi.. Mais que m'importe !

A la tribune du Parlement, à la Commission du Budget, à celle de l'Armée, dans la presse, dans des livres, partout, j'ai entamé ce combat qui consiste à extirper de l'armée véritable, la fausse armée qui l'encombre et paralyse ses efforts.

Je continuerai.

VI

UN DERNIER MOT

Les leçons de la guerre marocaine

Il était impossible de prévoir, au moment où l'on commençait l'impression des chapitres qui précédent, qu'une expérience de guerre (heureusement restreinte aux proportions d'un acte de police internationale, exclusif de toute complication sur le continent européen), allait s'ouvrir à bref délai : nous avons vu depuis lors nos troupes algériennes combattre au Maroc.

Quelque restreinte et rapide qu'ait été cette opération militaire, elle va nous permettre de saisir sur le vif certains résultats des fautes que je viens de signaler.

Tous les Français auront été frappés de ce fait que, dans les engagements parfois meurtriers que nous avons eus (presque toujours en nous tenant sur la défensive, l'arme par excellence des combats de ce genre, celle qui a rendu, comme on l'a vu plus haut, de si grands services aux belligérants russes et japonais en Mandchourie, a bien peu fait parler d'elle.

Quelques journaux illustrés nous ont, à la vérité, montré des photographies de tirailleurs accroupis derrière une ou deux mitrailleuses ; mais il est certain que ces engins n'ont pas produit grand effet.

Pourquoi ?

C'est qu'ils ont à peine pu tirer.

Des rapports ont dû être faits sur la manière dont ces mitrailleuses se sont comportées.

Ce sont des « Puteaux » que l'on a mises à la disposition du général Drude, puisque la fantaisie de la Direction de l'artillerie a été d'imposer à notre 19ᵉ corps d'armée, comme aux autres, ce modèle si inférieur pourtant aux Hotchkiss, réclamées par notre infanterie, par notre Etat-major, par tout le monde.

Les « Puteaux » de Casablanca ont produit les effets que l'on avait déjà constatés. Elles ont même présenté, en Afrique, plus d'inconvénients encore que partout ailleurs.

A la condition de « ne pas tirer trop vite », c'est-à-dire de renoncer au principal avantage

qu'un semblable engin doive offrir, elles ont pu,
il est vrai, user quelques bandes de chargement ; mais il a fallu prendre des précautions
exceptionnelles et parer à des encrassements
nombreux, qui rendaient absolument impossible la continuité du tir. Toutes les pièces de
l'appareil moteur, en effet, sont placées à
l'extérieur ; rien ne les protège contre l'intro-
duction dans le mécanisme de ce sable que
connaissent bien tous les Africains et qui met
un obstacle invincible au fonctionnement d'un
rouage de quelque précision.

Enfin, lacune grave, les premières sections
de mitrailleuses envoyées au Maroc n'étaient
pas pourvues du télémètre Souchier, dont elles
ne sauraient se passer pour l'exacte appréciation des distances et le réglage du tir.

La première conséquence de ces différentes
erreurs a été que l'on n'a pas vu les charges
marocaines arrêtées une seule fois et brisées
par nos mitrailleuses, comme celles des Japonais l'ont été à Port-Arthur par les « Maxim »
des Russes, ou celles des Russes, au Sha Ho,
par les « Hotchkiss » des Japonais.

La seconde conséquence est que toutes les
autorités militaires demandent à l'envi, maintenant, qu'on leur retire, au plus vite, l'arme défectueuse qui leur a été fournie et qu'on leur

donne à la place un modèle éprouvé, capable de produire l'effet qu'on en attend (1).

C'est donc sur le terrain, c'est en face même de l'ennemi, que l'injustifiable obstination de la Direction de l'artillerie au ministère de la Guerre reçoit la leçon qu'elle mérite. Il est vraiment heureux que ce mécompte lui arrive au cours d'une expédition de police et qu'elle

(1) En présence de cette faillite lamentable des œuvres de la Direction de l'artillerie au Maroc, le général Picquart vient de prescrire d'urgence l'envoi de Hotchkiss et de télémètres Souchier à Casablanca. C'est fort bien ; mais avant de mettre en service ces mitrailleuses Hotchkiss, inconnues au 19e corps, il faudra faire l'instruction des hommes chargés de les manier ! Or, si l'on veut que cette instruction soit complète, il faut y consacrer au moins un mois. — Nouvelle source de retard, due à l'inprévoyance de la direction de l'artillerie.

Le très attentif et très consciencieux écrivain militaire qui envoie des correspondances du Maroc au *Temps*, M. Reginald Kahn, a signalé en ces termes, dans un télégramme du 25 septembre, l'arrivée des mitrailleuses Hotchkiss à Casablanca :

« Le *Shamrock* a débarqué 400 légionnaires destinés à compléter l'effectif de certains bataillons. Il nous est arrivé par le même transport 4 mitrailleuses Hotchkiss dont on désire comparer le rendement avec celui des mitrailleuses de Puteaux dont on s'est servi jusqu'ici.

« *Ces dernières pièces m'ont paru trop compliquées comme armes d'infanterie. Pour le tir, le mécanisme n'est pas assez simple. Il n'y a pas moins de sept manettes à employer. En somme, la mitrailleuse de Puteaux qui possède de remarquables qualités, n'est pas au point. La campagne actuelle aura permis de le constater et d'apporter des modifications utiles.* »

Les lecteurs des chapitres qui précèdent savent que depuis longtemps on était fixé à Paris sur les défectuosités de la « Puteaux » !

n'ait pas le remords de nous y avoir exposés dans une guerre européenne !

Elle aurait dû, cependant, se tenir pour avertie depuis longtemps, depuis que le gouverneur général de l'Afrique occidentale française, M. Roume, ayant pu constater à Tidjikja de quelle utilité seraient de tels engins pour combattre les Maures, avait réclamé l'envoi de 37 mitrailleuses Hotchkiss et s'était même décidé, afin de se mettre efficacement en état de défense, à payer sur les fonds de son gouvernement, les pièces que la métropole ne lui expédiait pas assez vite !...

Mais si cette question des mitrailleuses est définitivement jugée, grâce au conflit marocain, ce n'est pas la seule qui soit désormais éclairée par les résultats de l'expérience.

Il y a encore celle des canons de montagne sur laquelle une lumière éclatante se trouve faite.

Nous avons, aux colonies, pour nos expéditions contre des tribus indigènes (et aussi, hélas ! en Algérie et sur notre frontière de l'Est et du Sud-Est, pour les nécessités d'une guerre éventuelle contre des puissances civilisées et formidablement armées), un canon, dit de montagne, du calibre de 80 millimètres et tirant, au maximum, deux coups à la minute, avec un obus de 6^k,300 dont la vitesse initiale est de 257 mètres à la seconde.

C'est un matériel qui date de 1881 et dont on réclame, depuis plus de dix ans, le rajeunissement, car il n'est pas, à beaucoup près, à la hauteur des nécessités actuelles de la guerre. Cependant c'est celui-là qui se trouvait à Casablanca aux mains de nos premières troupes de débarquement et c'est avec une telle artillerie démodée, à tir lent et de faible portée, que le général Drude a dû faire face aux furieuses attaques des tribus jusqu'à ce qu'on se décidât à lui envoyer des pièces de campagne de 75!...

Je ne reviendrai pas ici sur la question du plus ou moins de valeur des munitions dont nos pièces de montagne, modèle 1881, ont été approvisionnées à leur départ d'Algérie. Le journal la *Patrie* ayant élevé des doutes, d'après le *Manchester Guardian*, sur les qualités explosives de nos obus et sur la puissance de détente de leurs cartouches, le gouvernement a « vivement flétri », dans une note *Havas*, le caractère antipatriotique d'une telle remarque. — Je ne veux pas m'exposer au même reproche!

Il est d'ailleurs évident que personne, en France ni même à l'étranger, ne saurait élever le moindre doute sur la valeur de notre matériel de campagne de 75, ni des munitions qui l'accompagnent. De l'aveu de tous, cette valeur est peut-être encore sans égale au monde.

Mais il y a notre matériel et nos munitions « de montagne » !...

Je me borne à rappeler qu'il est de style courant parmi les officiers d'artillerie, que nos vieilles pièces de montagne sont faites pour « impressionner » nos barbares adversaires des colonies plutôt que pour les atteindre; et j'ajouterai seulement, pour mémoire, que dans une expédition faite sur les frontières du Tonkin, en 1895 (1), douze cents coups de canon de montagne (du modèle qui est à Casablanca) furent tirés par nos troupes sur les repaires des bandits : sur ces douze cents obus, *deux* seulement atteignirent le but. Encore n'y en eût-il qu'*un* qui éclata.

Mais le plus curieux et qui aurait pu devenir le plus terrible, c'est que le Maroc, en la personne du sultan de Fez, Abd-el-Aziz, possède lui aussi des canons de montagne ; mais ils sont beaucoup meilleurs que les-nôtres. Il les a achetés à l'industrie privée française, à la maison Schneider du Creusot. Ce sont d'excellentes pièces, d'un des derniers modèles ; elles tirent des obus de plus de 5 kilos à raison de

(1) Rapport sur la colonne du Panaï, avril 1895.

vingt coups par minute, avec une vitesse initiale de 330 mètres. L'énergie développée à la bouche du canon français est de 20 tonnes métriques et une fraction ; à la bouche du canon marocain *acheté en France*, elle est de 46 tonnes métriques et une fraction.

Voulez-vous m'expliquer comment notre Direction de l'artillerie pourra se justifier d'avoir exposé nos troupes au feu d'un matériel de guerre formidablement supérieur au nôtre, si, par hasard, il avait pris fantaisie au sultan de se mettre à la tête des tribus et de nous attaquer ? Elle alléguera sans doute qu'Abd-el-Aziz n'a pas de munitions pour ses pièces ou qu'il ne saurait pas s'en servir... — Soit ! j'y consens ; mais si, par aventure, quelque puissance jalouse de la France comme il y en a, dit-on, en Europe, avait jugé utile de fournir secrètement à nos adversaires des obus et des instructeurs, que serait-il advenu ?...

Non, en vérité, il n'y a pas d'excuses à la situation d'infériorité où l'on nous laisse. Elle est humiliante et elle est dangereuse. Songez que la Bulgarie, l'Espagne, la Serbie, ont des canons de montagne, d'un seul morceau, à la vérité, mais à tir rapide ; que la Grèce, à la suite des travaux d'un de ses brillants officiers, le colonel Danglis, en possède un démontable qui a servi de modèle aux plus parfaits que l'on ait construits ; songez enfin que, depuis plusieurs années, l'attention de nos hommes du métier (qui valent bien les autres, je pense !) a été appelée sur cette question ; que des projets ont été étudiés, des propositions faites, — et que, maintenant encore, nous sommes exposés à voir des Maures farouches et braves mais ignorants, répondre par des salves meurtrières aux détonations poussives de notre vieux matériel !

L'industrie privée possède la solution : elle approvisionne l'étranger ; mais la Direction de l'artillerie, on l'a déjà vu, ne veut pas connaître l'industrie privée ! Le canon démontable de Schneider-Canet-Danglis, construit au Creusot, est mis avec empressement au service des armées étrangères ; mais nos commissions, nos comités, nos sections, nos inspections, nos directions, ne jugent pas à propos de passer marché avec une maison d'où cependant sont sortis déjà, au bénéfice de l'armée et de la marine, soit pour la défensive nationale, soit pour l'offensive, tant d'armes ou d'engins dont il a bien fallu reconnaître la valeur ! La haine stupide qui inspire l'administration de la guerre contre les constructeurs patriotes — quel que soit leur nom, du moment où ils n'ont pas la double bande rouge à leur culotte — va jusqu'à nous exposer aux pires déceptions et aux plus graves dangers, par esprit de corps !

Mais il y a pis : un officier de notre armée, un jeune capitaine d'artillerie de la fonderie de Bourges, avait inventé un canon de montagne qui, tout en étant inférieur au dernier modèle de Schneider-Canet-Danglis, valait infiniment mieux que celui de 1881, dont nos troupes alpines et nos troupes coloniales sont pourvues.

Expérimentée aux manœuvres du 15e corps, en 1904, cette pièce a donné de bons résultats; mais elle était du calibre de 65 : les commissions, les comités, les sections, les inspections, les directions, au lieu de la mettre en service, au moins à titre d'essai, déclarèrent au dernier moment qu'il fallait un calibre de 67. De la sorte, on n'eut pas à récompenser, même par une inscription au tableau d'avancement, un capitaine encore trop jeune, au dire des pontifes de la rue Saint-Dominique, et nos artilleurs coloniaux comme nos combattants de Casablanca, nos Alpins comme nos Vosgiens, sont obligés de se contenter d'un canon dont aucune armée civilisée ne voudrait plus !

Lorsque le général Gallieni a succédé au général de Lacroix, devenu généralissime,

comme chef de la défense sur le front Sud-Est
de la France, après avoir été, dans notre grande
île africaine, le brillant pacificateur et le précieux gouverneur que l'on sait, il a voulu se
rendre compte, comme son éminent prédécesseur, de ce dont il dispose réellement en fait
d'artillerie de montagne. À la suite de son enquête et des expériences faites, il a jugé, lui
aussi, nécessaire de réclamer une transformation radicale du matériel suranné que, de toutes
parts, menace d'une extinction complète l'artillerie, supérieure en rapidité et en portée, des
puissances avoisinantes. Il a chargé un de ses
officiers de se renseigner sur la valeur des
canons achetés en France et mis en service
à l'étranger. Il a dû, après cette enquête,
faire des demandes fermes et précises. —
Mais ce sera peine perdue : le vaillant général se heurtera, lui aussi, à toute la kyrielle
des commissions, des sections, des directions, etc...

A moins que le ministre ne donne un beau
jour l'ordre formel, non pas de mettre « la
question à l'étude », car elle est résolue depuis
longtemps par l'industrie privée ; mais de remplacer d'urgence un matériel qui est bon à
mettre à la ferraille, par tel autre, à choisir
en une seule série d'expériences, parmi tant

de modèles actuellement à la hauteur des nécessités de la guerre.

Et, pas plus que pour les mitrailleuses, il
ne s'agit ici de dépenses de centaines de
millions, pour que l'armée possède enfin le
bon matériel auquel elle a droit : 2 ou 3 millions suffiraient largement pour opérer la
transformation nécessaire. Est-ce la modicité
d'un tel crédit qui fait que la Direction de
l'artillerie, accoutumée à de plus gros morceaux, s'en désintéresse ?

Autre grave lacune dans l'outillage de notre
petit corps expéditionnaire de Casablanca; lacune qui n'est au surplus qu'une conséquence
de celles que nous avons constatées en passant en revue l'armement de nos forteresses :
nos troupes, au Maroc, ne disposent d'aucun
projecteur permettant, la nuit, d'explorer les
environs du camp, de fouiller les plis du terrain et de surprendre les mouvements de l'ennemi. Lisez ce qu'écrivait récemment dans le
Journal un des plus brillants correspondants
militaires chargés de suivre les opérations,
notre confrère M. Ludovic Naudeau :

Les projecteurs de nos croiseurs n'éclairent les
abords de nos camps que d'une manière toute relative. Nous ne disposons, jusqu'à présent, d'aucun

projecteur installé à terre, et il faut bien se dire
que, dans l'état actuel des choses, nos canons de
75 sont, dès que vient la nuit, incapables de tirer
avec la moindre efficacité. Je sais que je ne m'avance pas trop en disant qu'il y a là une lacune à
combler, et que deux ou trois projecteurs, fussent-
ils à acétylène seulement, devraient être installés
aux abords de nos camps. Mais, même si les ténèbres la privaient du secours de son artillerie, notre
petite armée saurait faire face à toute éventualité.
Une attaque de nuit donnerait lieu forcément à un
combat très rapproché ; ce combat pourrait nous
causer des pertes plus sérieuses que celles que nous
avons subies jusqu'à présent...

Cette observation est parfaitement juste, et
il n'est pas un officier de l'armée d'Afrique,
— ou de l'armée continentale, — qui ne l'ait
faite ; mais il faut connaître les dessous des
choses.

Si nos légionnaires, nos tirailleurs et nos
spahis n'ont pas de projecteurs, pour distinguer l'approche nocturne de l'ennemi, c'est que
l'artillerie a tenu absolument à en fabriquer elle-
même qui convinssent au rôle qu'on leur destine. Or, vous pensez bien que si elle n'a pas
réussi à pourvoir de cette protection nécessaire
nos forteresses de l'Est, elle est encore bien
moins parvenue à la fournir à nos combattants
au Maroc. Elle cherche en ce moment le moyen
d'illuminer les abords du camp du général

Drude avec des obus éclairants, qui coûteront naturellement fort cher, comme tout ce qu'elle fabrique et qu'il faudra lancer sans interruption, du crépuscule à l'aube, sur les crêtes avoisinantes.

En résumé, elle a mis, une fois de plus, la question « à l'étude », sans paraître se douter, ou plus exactement sans vouloir reconnaître que cette question, comme je l'ai dit plus haut, est résolue depuis longtemps par l'industrie privée.

Il ne s'agit pas, en effet, de monter à Casablanca des projecteurs puissants, à longue portée, comme ceux de nos cuirassés ou de nos croiseurs : ce serait même là une grave et coûteuse erreur. Il s'agit tout simplement d'avoir de petits projecteurs, au besoin même des phares d'automobile, à l'acétylène, et capables de percer les ombres à quelques centaines de mètres en avant des factionnaires.

Mais la Direction de l'artillerie trouve sans doute que ce serait là une solution trop terre à terre. Elle aime mieux attendre, pour donner à nos soldats une sauvegarde nécessaire, le moment où elle aura trouvé elle-même ce qui leur faut, et où l'engin, fabriqué par ses soins, portera la seule estampille qui ait à ses yeux quelque valeur : la sienne !

Il faut conclure.

Le titre même de ce livre pose une question à laquelle on doit avoir le courage de répondre franchement, après avoir relevé tant de négligences, tant d'erreurs, tant de fautes de toutes sortes.

SOMMES-NOUS DÉFENDUS ? demande-t-il.

Comment la réponse ne serait-elle pas négative, lorsqu'on a vu l'administration centrale de la guerre divisée en tant de parlotes inutiles et de cénacles néfastes, où l'autorité du ministre, quand elle n'est pas ouvertement bafouée, est méconnue, désobéie, vaincue par la résistance passive des directions, des comités, des sections, des commissions... et de ce Contrôle même qui devrait être son auxiliaire le plus intime et le plus dévoué ?

Comment oser dire que la France est protégée, quand les sacrifices immenses qu'elle consent à faire et que ses élus renouvellent en son nom tous les ans ne lui assurent pas dans la pratique les armes les plus parfaites et les explosifs les plus puissants, inventés sans cesse par le génie de ses enfants ?

Comment nous sentir rassurés et comment feindre encore de croire à l'efficacité de notre appareil défensif, quand nous constatons le délabrement de nos forts, où les murs pourrissent et tombent, où les canons demeurent sans artilleurs quand ils ont des munitions, et sans munitions quand ils ont des artilleurs ?

Comment se fier à ces camps retranchés où la mobilisation serait entravée par des voies de chemins de fer insuffisantes, par des quais d'accès sans débouchés, par des plaques tournantes trop courtes pour nos locomotives, par des passages à niveau interrompant le mouvement des trains, par des ponts stratégiques prêts à s'écrouler, par des lignes télégraphiques qui ne fonctionnent pas ?...

Comment espérer la victoire, si aucun effort n'est tenté pour sortir de l'ornière où nous nous traînons, quand nous reconnaissons, tout à coup, dans l'organisation d'une simple petite expédition, entreprise avec l'assentiment de l'Europe, qu'il a été impossible à l'administration centrale de fournir aux 6 ou 7,000 hommes du général Drude l'armement nécessaire pour la prompte et sûre répression qu'ils poursuivent ?

Ce n'était point là, cependant, une de ces luttes formidables où l'on puisse admettre et excuser quelques erreurs (car il est inévitable que des à-coups se produisent, que des lacunes apparaissent, quand on fait passer brusquement tout un peuple de l'état de paix à l'état de guerre), il ne s'agissait pas, cette fois, de jeter des millions d'hommes à la bataille, en vidant les arsenaux pour leur donner des armes et des cartouches ; on n'avait pas de réservistes ni de territoriaux à rassembler, à vêtir, à armer ; on n'avait pas de vivres à diriger par convois immenses vers les régions du combat ; on n'avait pas à craindre l'inexpérience des uns, ni la lenteur ou la mauvaise volonté des autres... C'étaient des troupes éprouvées que l'on envoyait au Maroc. Bien plus, la composition même du corps expéditionnaire avait un caractère à la fois international et professionnel qui facilitait la tâche des directions du ministère : la légion étrangère, pleine d'Allemands, d'Autrichiens, d'Italiens, d'Espagnols et même d'Anglais, semblait une conférence d'Algésiras en armes, et nos braves tirailleurs et spahis, précédés de nos goumiers, formaient un appoint musulman à cette colonne quasi-européenne. Donc, pas de difficulté d'ordre étranger à prévoir ; pas de doute sur le caractère d'une entreprise où les Français de France, sauf pour les officiers, les sous-officiers et l'artillerie, n'avaient pour ainsi dire aucune part.

Eh bien, c'est dans ces conditions, pourtant, que les vices de notre administration militaire se sont révélés. Que serait-ce, en vérité, s'il s'était agi d'ouvrir la lutte, à la frontière, contre un puissant voisin de la France ?...

NON, NOUS NE SOMMES PAS DÉFENDUS !

Nous ne le sommes pas cõmme nous devrions l'être ; nous ne le sommes pas *comme nous nous figurons l'être*.

Des ministres ont travaillé de leur mieux ; le Parlement n'a cessé de prodiguer les crédits ; les citoyens ont accepté sans se plaindre les charges parfois écrasantes du service militaire ; nos officiers ont étudié et sont à la hauteur de leur tâche ; nos sous-officiers sont devenus les meilleurs de l'Europe ; nos soldats font l'admiration du monde... mais quelque chose a vicié tout cela ; quelque chose a fait que tant de dévouements et de sacrifices n'ont pas donné les résultats attendus : *les bureaux de la guerre ont compromis l'œuvre nationale de la défense.*

Après toutes les autorités militaires que j'ai citées pour confirmer mes dires, après tous les documents auxquels j'ai fait allusion au cours de ce travail, je n'en citerai plus qu'un, pour conclure.

Le général Brugère, qui commanda si longtemps et si dignement l'armée française, était interrogé récemment par notre confrère, M. de Noussanne, de l'*Echo de Paris* sur l'éventualité d'une campagne prolongée au Maroc.

Il répondit :

« — C'est une grave affaire, qui a pu être très étudiée en théorie et qui, sur le papier, peut paraître simple ; mais dans la réalité elle est pleine de surprises et de difficultés redoutables. On doit prévoir dix ans d'efforts, des milliers d'hommes à sacrifier et des centaines de millions à dépenser... »

Et parvenu à ce point de ses prévisions, dans le cas où une guerre de conquête s'engagerait en Afrique, — éventualité désormais écartée, tout nous l'assure, — le général Brugère ajouta :

« ... Pendant ce temps, la France sera-t-elle plus sage, MOINS VULNÉRABLE ET PLUS FORTE ?... »

Vous entendez ! C'est un homme qui a eu l'honneur d'être désigné pour commander en chef nos armées en temps de guerre qui s'exprime ainsi ! Il trouve que la France devrait être *moins vulnérable et plus forte*.

C'est également l'avis du général Hagron, qui se retirait il y a peu de temps parce qu'il trouvait que, malgré ses observations incessantes, ses réclamations multipliées, les bureaux du ministère laissaient notre frontière de l'Est dans un état de défense dérisoire et honteux.

Et pourquoi ne dirais-je point, après tout, que le généralissime actuel de Lacroix, qui m'honore de son amitié, m'a encouragé à maintes reprises à persévérer dans l'œuvre que j'accomplis !

Mais, *lui aussi*, très probablement, comme ses éminents prédécesseurs, échouera contre cette force mystérieuse et malfaisante qu'on appelle *les bureaux*.

Je viens de mettre en cause, avec le généralissime d'aujourd'hui, les généralissimes d'avant-hier et d'hier : les généraux Brugère et Hagron.

Si ces soldats éminents étaient mis à même de parler, comme ils n'ont jamais eu d'autre objectif que le bien de la France et la solidité de son armée, comme ils n'ont jamais eu d'autre passion que la grandeur et la force de la République, ils n'hésiteraient pas, j'en suis convaincu, à s'exprimer librement.

Ils diraient où leurs efforts se sont heurtés, contre quelle force passive ils ont échoué, contre quelles résistances inavouables leur énergie a dû céder sans désarmer.

S'ils ont eu la douleur profonde de ne pouvoir aboutir dans leur tâche patriotique, une seule et dernière consolation reste à leurs âmes généreuses et désintéressées, l'espoir de voir d'autres hommes mettre désormais la France à l'abri des risques redoutables dont ils n'ont pas réussi à l'affranchir malgré tout ce qu'ils ont fait.

Et quand ils auront parlé on verra si ce que j'ai dit n'est pas l'expression — et encore bien atténuée — de la vérité.

Tous les Français qui auront lu ce livre concluront comme eux, j'en ai la triste certitude, et diront en tournant la dernière page :

— NON, LA FRANCE N'EST PAS DÉFENDUE.

Mais ils ajouteront aussitôt :

— IL FAUT QU'ELLE LE SOIT ! TRAVAILLONS !

Septembre 1907.

TABLE

Paris. — Imp. PAUL DUPONT, 4, rue du Bouloi (Cl.) 478.8.1907.